새 연세한국어 어휘와 문법 2-1

연세대학교 한국어학당 편

연세대학교 출판문화원

머리말

연세대학교 한국어학당은 1959년에 설립된 한국 최초의 외국어로서의 한국어 교육 기관이다. 연세대학교 한국어학당은 그간의 역사와 명성에 걸맞게 다양한 한국어 교재 편찬 및 관련 연구를 해옴으로써 한국어 교육을 선도해 왔다. 지금까지 전 세계에서 온 약 150여 개국의 17만여 명에 이르는 한국어 학습자에게 한국어와 한국 문화를 가르쳐 왔으며, 최근에는 빠른 속도로 변화해 가는 교육 환경에 맞추어 오프라인 한국어 교육뿐만 아니라 온라인 한국어 교육 콘텐츠 개발에도 노력을 기울이고 있다. 이미 세계 각국의 한국어 학습자를 대상으로 글로벌 온라인 대중 공개 강좌(MOOC)를 개설하여 학습자들로부터 큰 호응을 얻었고 연세대학교 온라인 교육 혁신 플랫폼인 런어스(LearnUs)에도 최신 기술을 활용한 한국어 콘텐츠를 올려서 학습자들을 만나는 중이다.

연세대학교 한국어학당은 그간 일반 목적 한국어 학습자들뿐만 아니라 특수 목적 한국어 학습자들을 대상으로 정규과정, 단기과정, 대학 한국어 과정 등 다양한 교육과정을 개설 운영하면서 학습자의 요구에 부응하는 최상의 교재를 개발해 왔다. 이러한 교재들은 국내외의 한국어 교육 기관에서 교사와 학습자들의 다양한 요구를 충족시키며 양질의 한국어 교수·학습을 위해 널리 사용되고 있다.

연세대학교 한국어학당은 그간 가장 큰 호응을 받아 왔던 '연세한국어' 1급~6급의 뒤를 이을 새로운 교재로 '새 연세한국어' 시리즈를 기획 출간하게 되었다. 이 교재의 개발을 위해 한국어 교육 현장 경험이 풍부한 전문 한국어 교육학자 및 교사들이 대거 투입되었고 최상의 한국어 교수법 및 학습자 집단의 요구에 대한 이해를 바탕으로 개발 작업이 장기간에 걸쳐 수행되었다.

이번에 출간된 '새 연세한국어' 시리즈는 총 6단계로 각 단계마다 어휘와 문법 교재, 말하기와 쓰기 교재, 듣기와 읽기 교재로 구성되어 있다. '새 연세한국어 어휘와 문법'은 한국어 학습자들이 각 숙달도별로 가장 필수적으로 익혀야 하는 주요 어휘와 문법에 대한 이해와 활용을 중심으로 구성되었다. '새 연세한국어 말하기와 쓰기'는 원활한 한국어 의사소통을 위해 꼭 필요한 표현 기능을 수행할 수 있도록 말하기, 쓰기 과제를 중심으로 구성되었다. 또한 '새 연세한국어 듣기와 읽기'는 듣기, 읽기 과제를 중심으로 각 급별 숙달도에 적절한 이해 능력을 함양시킬 수 있도록 구성되었다. 이 세 권의 교재는 어휘·문법, 표현, 이해 능력의 고른 발달을 위해 패키지로 함께 사용될 수도 있고, 교육 현장 여건이나 학습자의 요구에 따라 별도로 사용될 수도 있다. 또한 어휘와 문법 교재의 경우 별도의 지침서가 무료로 제공되므로 교육 경험이 다소 부족한 국내외의 한국어 교사들에게 유용한 길잡이가 될 수 있을 것이다.

연세대학교 한국어학당은 앞으로도 전 세계의 한국어 학습자들의 요구와 기대에 부응하는 교재 개발을 위해 최선을 다할 것이다. 아울러 본 교재가 국내외에서 한국어 교육을 위해 노력을 아끼지 않는 많은 교사와 한국어 학습을 위해 노력하는 모든 학습자들에게 크게 도움이 되기를 바란다.

연세대학교 언어연구교육원

한국어학당 교재편찬위원회

일러두기

교재 전체 구성

- 총 20개의 과로 각 과는 두 개의 항씩 총 40개의 항으로 이루어짐.
- 항별로 연습 문제가 수록되어 있고 과별로 복습 문제가 수록되어 있음.
  (1항 - 1항 연습 문제 - 2항 - 2항 연습 문제 - 복습 문제)
- **어휘:** 해당 항의 대화 어휘와 그 과의 주제와 관련이 있거나 2급에서 학습해야 할 어휘와 표현을 확장하여 제시함.
- **문법:** 항별로 두 개씩의 문법 항목을 제시하여 한 과에 총 네 개의 문법 항목이 있음.
- **연습 문제:** 해당 항에서 배운 어휘, 표현, 문법을 연습할 수 있도록 함. 부록에 제시되어 있음.
  -1번: 목표 어휘나 표현을 문장 안에서 정확하고 적절하게 사용하는 연습을 하도록 함.
  -2번: 대화를 완성하거나 그림을 보고 스스로 문장을 만드는 등의 문제를 통해 맥락에 적절하게 문법을 사용하는 연습을 하도록 함.
- **복습:** 과 전체(두 개의 항)의 어휘와 문법을 확인 학습할 수 있도록 함.
  -1번: 과 전체 어휘를 모두 아우르는 문제로 이루어짐.
  -2번: 과 전체 문법을 모두 아우르는 문제로 이루어짐.
- **모범 답안:** 연습 문제와 복습 문제의 모범 답안을 제시하여 혼자 연습하는 학습자의 경우에도 도움을 받을 수 있도록 함.
- **색인:** 어휘와 문법 색인에는 각 과에서 다루어진 어휘와 문법을 각각 가나다 순으로 정리하여 제시하였음.
- **별책:** 대화, 어휘, 문법의 의미와 용법, 문법 용례를 번역해서 실어 학습자들이 별책만을 가지고도 쉽고 간편하게 연습할 수 있도록 함.

세부 내용 구성

- **항 제목:** 본문 대화 중 문법 항목이 있는 문장으로 선정
- **도입 그림:** 항의 주제나 본문 대화와 관계 있는 그림을 제시함.
- **도입 질문:** 그림이나 본문 대화와 관계있는 질문으로 제시함.
- **대화:** 두 사람의 대화로 구성하였으며 3개의 대화 쌍으로 이루어짐.
- **대화 어휘:** 대화를 연습할 때 알아야 할 어휘를 아래에 제시함.

- **확장 어휘**
  해당 항의 주제와 관련이 있거나 2급에서 학습해야 할 어휘와 표현을 확장하여 제시함. 또한 학습자들이 제시된 어휘 항목을 쉽게 이해하고 학습할 수 있도록 그림이나 사진을 넣음.
- **어휘 연습**
  배운 어휘를 학습자가 제대로 이해했는지 바로 확인할 수 있도록 그림을 보고 쓰거나 말하는 문제로 제시함.

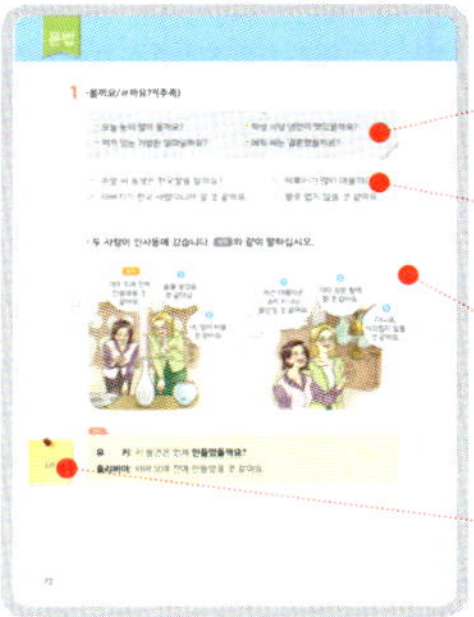

- **문법 예문:** 학습자가 예문을 통해 목표 문법을 잘 이해할 수 있도록 4개의 예문을 제시함. 목표 문법의 의미는 언어권 별로 번역하여 별책에 수록함.
- **문법 대화:** 학습자가 대화 상황을 통해 목표 문법을 잘 이해할 수 있도록 두 쌍의 대화를 제시함. 대화문은 언어권 별로 번역하여 별책에 수록함.
- **문법 연습:** 배운 문법을 맥락 안에서 적절히 사용할 수 있도록 만든 활동으로 <보기>를 보고 문제에 답할 수 있도록 함.
- **추가 어휘:** 배우지 않은 어휘가 있을 경우 연습 활동 옆에 추가로 제시함.

- **연습해 봅시다**
  각 항의 문법을 모두 아울러 앞에서 제시한 대화와 유사한 형식으로 말할 수 있도록 함.
- **<보기> 대화**
  앞에서 제시한 대화와 유사한 형식으로 제시하여 학습자가 쉽게 연습할 수 있도록 함.

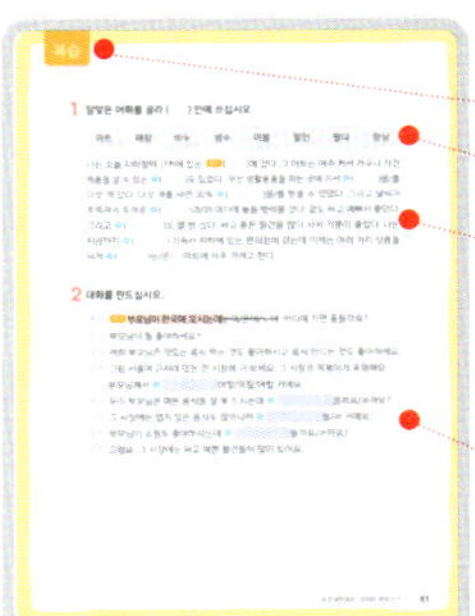

- **복습:** 과 전체의 어휘와 문법을 확인 학습할 수 있도록 함.
- **어휘:** 배운 어휘들 중에서 골라 답을 쓸 수 있도록 함.
- **1번:** 과 전체 어휘를 모두 아우르는 문제로 확장 어휘는 앞에서 확인 학습을 하였으므로 복습에서는 본문 대화 어휘를 위주로 하여 추가 어휘까지 모두 복습·확인할 수 있도록 함.
- **2번:** 과 전체 문법을 모두 아우르는 문제로 네 개의 문법 항목을 담화 상황에서 적절하게 사용하여 연습할 수 있도록 함.

- **연습 문제**
- **1번:** 목표 어휘나 표현을 문장 안에서 정확하고 적절하게 사용하는 연습을 하도록 함.
- **2번:** 대화를 완성하거나 그림을 보고 스스로 문장을 만드는 등의 문제를 통해 맥락 안에서 문법을 사용할 수 있게 연습하도록 함.

단원 구성

과	소단원	문법	대화 어휘	확장 어휘
1과 인사와 소개	1. 고향에 가서 즐겁게 지냈어요	-게[1] -어지다	오랜만이다, 익숙하다, 즐겁다, 지내다, 점점	광고 회사, 무역 회사, 방송국, 신문사, 잡지사, 직장, 출판사, 항공사, 건강하다, 그만두다, 다니다, 사귀다
	2. 한국말을 배운지 세 달 됐어요	-은 지 -으려고	대학원, 신문방송학, 전공하다, 졸업하다, 열심히	경영학, 경제학, 교육학, 국어국문학, 법학, 영문학, 의학, 컴퓨터 공학, 새
2과 친구와 가족	1. 친구가 정말 잘생겼네요	-네요 -겠다[2]	성격, 연예인, 도와주다, 잘생기다, 착하다	귀, 마음, 목소리, 무릎, 발, 손, 어깨, 얼굴, 이마, 입, 코, 허리, 날씬하다, 똑똑하다
	2. 우리 언니의 딸이에요	-을 때 의	공무원, 시청, 이모, 조카, 친척	고모, 고모부, 큰아버지, 큰어머니, 외삼촌, 외숙모, 외할아버지, 외할머니, 이모부, 어리다
3과 고향	1. 제주도에 가 봤어요?	만에 -어 보다[1]	구경거리, 남해, 섬, 다녀오다, 푸르다	거리, 도시, 동해, 롤러코스터, 빌딩, 서해, 숲, 시골, 온천, 한라산, 해변, 해산물, 신선하다, 편리하다
	2. 관광지이기 때문에 언제나 사람이 많아요	-기 때문에 -는데[2]	관광지, 그립다, 오래되다, 유명하다, 별로	기쁘다, 부끄럽다, 부럽다, 불안하다, 외롭다, 행복하다, 화가 나다
4과 집	1. 방이 컸으면 좋겠어요	-었으면 좋겠다 -어야겠다	동네, 룸메이트, 알아보다, 이사하다, 불편하다	미용실, 분식집, 약도, 이삿짐, 이삿짐센터, 주유소, 짐, 찜질방, 계약하다, 싸다, 정리하다
	2. 새로 이사한 집은 어떤가요?	-는 중이다 -나요?	베란다, 세탁기, 욕실, 주변, 놓다, 거의, 새로	거실, 벽, 부엌, 서재, 소파, 수건, 식탁, 옷장, 현관, 걸다

과	소단원	문법	대화 어휘	확장 어휘
5과 음식	1. 접시에 덜어서 한번 드셔 보세요	-어 보다[2] -는데[3]	갈비찜, 명절, 소고기, 접시, 덜다, 양념하다	고추장, 된장, 방법, 삼성역, 설탕, 소금, 스트레스, 식초, 양념, 인사동, 후추, 깎다, 넣다, 말다, 비비다, 뿌리다, 섞다, 찍다
	2. 불고기를 만들어 본 적이 있어요?	-은 적이 있다(없다) 에다가	간, 고기, 기름, 참기름, 채소, 프라이팬, 보다, 볶다	감자, 닭고기, 냄비, 당근, 면, 돼지고기, 버섯, 설렁탕, 소스, 쓰레기, 쓰레기통, 양파, 요리법, 재료, 책장, 파, 굽다, 꽂다, 끓이다, 다지다, 두다, 버리다, 삶다, 썰다, 잃어버리다, 찌다, 튀기다
6과 시장	1. 큰 마트니까 아마 팔 거예요	-을까요?[3] -을 거예요[2]	마트, 방석, 비누, 생수, 이불, 팔다	감, 냉동식품, 대회, 배추, 소리, 생활용품, 식료품, 음료, 참외, 치약, 칫솔, 토마토, 포도, 포스터, 햄
	2. 친구가 힘들어 할 것 같아요	-는데[4] -어하다	매장, 상품, 할인, 세일하다, 항상	가전제품, 귀걸이, 남성복, 목걸이, 반지, 배낭, 수영복, 스포츠용품, 여성복, 장갑, 패션잡화, 핸드백, 들다, 메다, 쓰다, 차다
7과 쇼핑	1. 이 검은색 반바지를 입어 봐도 돼요?	-어도 되다 -으면 안 되다	반바지, 흰색, 갈아입다, 유행이다, 특별히	보라색, 분홍색, 색깔, 양복, 운동복, 원피스, 점퍼, 조끼, 청바지, 하늘색, 회색, 떠들다, 뛰다, 만지다, 목이 마르다
	2. 가방이 얼마나 가벼운지 몰라요	ㅎ동사 얼마나 -는지 모르다	사이즈, 월급, 주머니, 멋있다, 빨갛다, 첫, 마음에 들다	· 디자인, 모양, 단순하다, 맞다, 밝다, 비슷하다, 어둡다, 화려하다 · 그렇다, 까맣다, 노랗다, 빨갛다, 어떻다, 이렇다, 저렇다, 파랗다, 하얗다
8과 초대	1. 반 모임을 7시쯤 시작할까 해	-어 -을까 하다	기대, 도움, 모임, 시작하다, 초대하다, 필요하다	강아지, 동아리, 동창, 동창회, 동호회, 뒤풀이, 송별회, 초대장, 환영회, 회비, 들다, 모으다, 모이다
	2. 세제나 휴지를 사 가지고 가	-어 가지고 -지 마	부인, 분위기, 선배, 주방용품, 집들이, 찻잔, 쓰다, 어울리다	꽃바구니, 떡, 샤부샤부, 샐러드, 세제, 벽시계, 부케, 앨범, 잡채, 향초, 휴지, 화분, 씹다, 졸다, 박수를 치다, 발로 차다

과	소단원	문법	대화 어휘	확장 어휘
9과 약속	1. 회사 일 끝나고 바로 갈게	-는다, -니? -을게요	지나다, 드디어, 무척, 바로, 벌써, 그래	너희, 말, 성함, 세상, 여러분, 연세, 저희, 진지
	2. 회사에 급한 일이 생겨서 출장을 가게 됐어	-어라, -자 -게 되다	이틀, 후, 급하다, 뵙다, 섭섭하다, 생기다, 갑자기	나흘, 닷새, 마흔, 사흘, 서른, -세, 쉰, 아흔, 여든, 열흘, 이틀, 일흔, 예순, 하루, 세다
10과 부탁	1. 지난주에 배운 것 좀 설명해 주실래요?	-을래요? -었다가[1]	부탁, 결석하다, 들어주다, 빌려주다, 설명하다	놓다, 늘다, 당기다, 밀다, 벗다, 잡다, 접다, 줄다, 펴다
	2. 저, 실례합니다만 김 선생님 계십니까?	-습니다만 -는지 알다(모르다)	서류, 전하다,퇴근하다, 이미, 저	부장, 아, 어, 음, 자, 저기

차례

등장인물 | Main characters

에릭 파커
- 미국
- 한국어학당 학생
- 한국 전자 직원

존 카마우
- 케냐
- 한국어학당 학생
- 교환 학생

사토 유키
- 일본
- 한국어학당 학생
- 기자

리타오
- 중국
- 한국어학당 학생
- 대학 입학 예정자

노라 한슨
- 노르웨이
- 한국어학당 학생
- 대학원 입학 예정자

최주앙
- 브라질
- 한국어학당 학생
- 대학 휴학생

응웬 흐엉
- 베트남
- 한국어학당 학생

레오 마르탱
- 프랑스
- 한국어학당 학생
- 요리사

올리비아 스미스
- 호주
- 한국어학당 학생
- 외교관

이윤아
- 한국
- 대학생

정하늘
- 한국
- 대학생

김우진
- 한국
- 한국 전자 직원

1과

인사와 소개

01 고향에 가서 즐겁게 지냈어요

대화 어휘 오랜만이다, 익숙하다, 즐겁다, 지내다, 점점

확장 어휘 광고 회사, 무역 회사, 방송국, 신문사, 잡지사, 직장
출판사, 항공사, 건강하다, 그만두다, 다니다, 사귀다

문법 -게[1]
-어지다

02 한국말을 배운 지 세 달 됐어요

대화 어휘 대학원, 신문방송학, 전공하다, 졸업하다, 열심히

확장 어휘 경영학, 경제학, 교육학, 국어국문학, 법학, 영문학
의학, 컴퓨터 공학, 새

문법 -은 지
-으려고

1. 고향에 가서 즐겁게 지냈어요

MP3 / 01

- 에릭 씨가 방학에 무엇을 했습니까?
- 여러분은 한국 생활이 어떻습니까?

에릭: 흐엉 씨, 잘 지내셨어요?

흐엉: 네. 에릭 씨, 오랜만이에요. 방학에 뭘 하셨어요?

에릭: 저는 고향에 가서 즐겁게 지냈어요. 흐엉 씨는요?

흐엉: 저는 좀 바빴어요. 여행사에서 아르바이트를 시작했어요.

에릭: 그래요? 일이 힘들지 않아요?

흐엉: 처음에는 힘들었어요. 그런데 점점 익숙해져서 지금은 재미있어요.

지내다 오랜만이다 즐겁다 점점 익숙하다

어휘

잡지사

신문사

무역 회사

출판사

방송국

항공사

여행사

광고 회사

- 관계있는 것을 연결하고 보기 와 같이 말하십시오.

보기	잡지와 책을 만듭니다.	방송국
1)	비행기를 운전합니다.	광고 회사
2)	여러 광고를 만듭니다.	항공사
3)	신문을 만듭니다.	신문사
4)	텔레비전 프로그램을 만듭니다.	출판사

보기

저는 책을 만드는 일을 하고 싶어요. 그래서 **출판사**에서 일하고 싶습니다.

어휘

직장
학교 에 다니다
회사

직장
학교
회사 을/를 그만두다
일
아르바이트

• 여러분은 고향에서 무엇을 했습니까? 보기 와 같이 말하십시오.

보기

저는 고향에서 회사에 **다녔습니다.** 일하기가 좀 힘들지만 재미있었습니다.
한국에 오기 전에 회사를 **그만두었습니다.**

문법

1 -게[1]

- 저는 불고기를 맛있게 먹었어요.
- 존 씨가 시장에서 가방을 싸게 샀어요.
- 주앙 씨, 공책에 이름을 크게 쓰십시오.
- 친구가 옷을 예쁘게 입었어요.

가: 누가 청소를 잘해요?
나: 에릭 씨가 청소를 깨끗하게 해요.

가: 흐엉 씨, 주말에 무엇을 했어요?
나: 친구를 만나서 재미있게 놀았어요.

• 리타오 씨의 이야기입니다. 보기 와 같이 말하십시오.

보기

1

2

3

4

5

보기

리타오 씨가 옷을 **따뜻하게** 입었어요.

문법

2 -어지다/아지다/여지다

- 저는 학교생활이 점점 재미있어져요.
- 요즘 날씨가 많이 추워졌어요.
- 저는 시험이 끝나면 한가해져요.
- 흐엉 씨는 아르바이트를 시작해서 좀 바빠졌어요.

가: 요즘 날씨가 어때요?
나: 날씨가 따뜻해졌어요.

가: 에릭 씨, 회사 일이 어렵지 않아요?
나: 처음에는 어려웠지만 지금은 많이 익숙해졌어요.

- 흐엉 씨의 이야기입니다. 보기 와 같이 말하십시오.

보기

①

②

③

④

⑤

건강하다

보기

흐엉 씨가 운동을 해서 **건강해졌어요**.

연습해 봅시다

- 알맞은 것을 골라 보기 와 같이 말하십시오.

보기

재미있다

심심하다

즐겁다

1

즐겁다

힘들다

익숙하다

2

한가하다

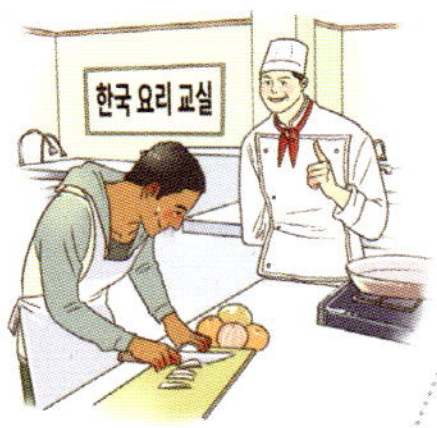

어렵다

재미있다

3

바쁘다

아프다

건강하다

보기

가: 에릭 씨, 요즘 어떻게 지내요?

나: 저는 **재미있게** 지내요. 유키 씨는요?

가: 저는 친구가 없어서 심심해요.

나: 친구를 사귀면 한국 생활이 **즐거워져요**.

사귀다

MP3 / 02

2. 한국말을 배운 지 세 달 됐어요

- 노라 씨는 어디에서 일하고 싶어 합니까?
- 여러분은 무슨 일을 하고 싶습니까?

다니엘: 노라 씨는 언제부터 한국말을 배웠어요?

노　라: 한국말을 배운 지 세 달 됐어요.

다니엘: 왜 한국말을 공부해요?

노　라: 저는 대학원에 가려고 한국말을 열심히 공부해요.

다니엘: 대학원에서 무엇을 전공하고 싶어요?

노　라: 저는 신문방송학을 전공할 거예요.
대학원을 졸업하고 방송국에서 일하고 싶어요.

대학원　열심히　전공하다　신문방송학　졸업하다

경영학

경제학

국어국문학

법학

영문학

교육학

컴퓨터공학

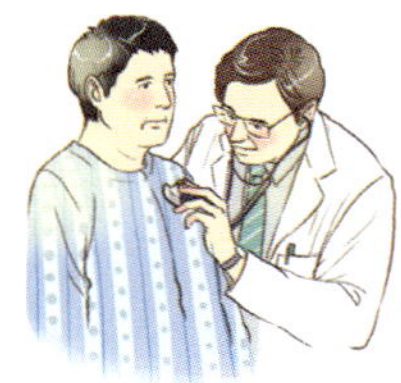
의학

• (　　　) 안에 알맞은 어휘를 쓰고 보기 와 같이 말하십시오.

보기 제 동생은 (경제학을)을/를 공부했습니다. 요즘은 은행에 다닙니다.

1) 우리 언니는 의사가 되고 싶어서 (　　　　　　)을/를 공부해요.

2) (　　　　　　)을/를 공부하면 컴퓨터 프로그램을 만드는 회사에서 일할 수 있어요.

3) 저는 영어 선생님이 되고 싶어요. 그래서 (　　　　　　)을/를 전공하고 있습니다.

4) 다니엘 씨는 학생들을 가르치는 것을 좋아해서 (　　　　　　)을/를 전공했습니다.

보기

저는 은행에서 일하고 싶습니다. 그래서 대학교에서 **경제학**을 전공합니다.

1 -은/ㄴ 지

- 저는 대학교를 졸업한 지 삼 년 됐어요.
- 제 친구는 미국에 간 지 육 개월 됐어요.
- 저는 그 이야기를 들은 지 일주일 됐어요.
- 리타오 씨, 기숙사에 산 지 얼마나 됐어요?

가: 올리비아 씨, 태권도를 배운 지 얼마나 됐어요?
나: 태권도를 배운 지 일 년 됐어요.

가: 이 회사에서 언제부터 일했어요?
나: 이 회사에서 일한 지 삼 개월 됐어요.

- 레오 씨의 이야기입니다. 보기 와 같이 말하십시오.

보기

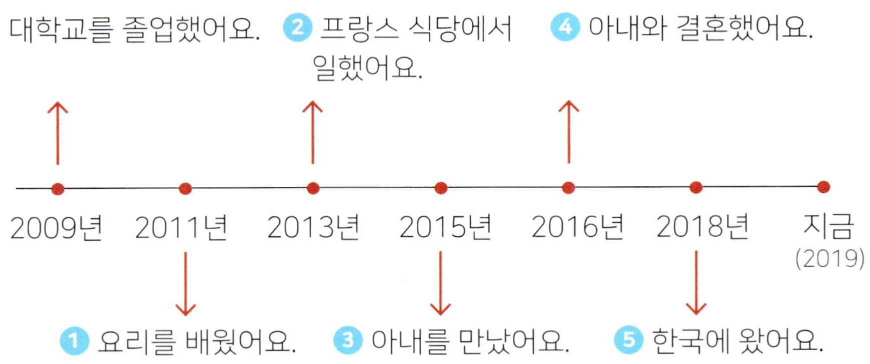

보기

레오 씨는 대학교를 **졸업한 지** 십 년 됐어요.

2 -으려고/려고

- 에릭 씨가 친구를 만나려고 커피숍에 가요.
- 윤아 씨, 누구와 같이 먹으려고 김밥을 사요?
- 저는 어머니께 드리려고 선물을 샀어요.
- 레오 씨는 불고기를 만들려고 소고기를 샀어요.

가: 존 씨, 왜 잡지를 샀어요?
나: 비행기에서 읽으려고 잡지를 샀어요.

가: 하늘 씨, 무엇을 하려고 도서관에 갔어요?
나: 책을 빌리려고 도서관에 갔어요.

• 리타오 씨의 이야기입니다. 알맞은 것을 골라 보기 와 같이 말하십시오.

새 컴퓨터를 사다	어머니께 보내다	한국 대학교에 가다
할머니께 드리다	친구와 같이 먹다	내일 일찍 일어나다

보기

존　　: 리타오 씨, 왜 한국말을 배워요?
리타오: 한국 대학교에 **가려고** 한국말을 배워요.

새

연습해 봅시다

- 보기 와 같이 말하십시오.

	하는 일 / 한 일	언제부터	왜
보기 	아르바이트를 해요.	육 개월 전	여행을 가고 싶어요.
1 	한국말을 공부해요.	삼 개월 전	한국 회사에서 일하고 싶어요.
2 	한국에 와요.	한 달 전	한국 역사를 공부하고 싶어요.
3 	춤을 배워요.	일 년 전	가수가 되고 싶어요.

보기

가: 흐엉 씨, **아르바이트를 한 지** 얼마나 됐어요?

나: 육 개월 됐어요.

가: 왜 아르바이트를 해요?

나: 여행을 **가려고** 아르바이트를 해요.

복습

1 알맞은 어휘를 골라 (　　) 안에 쓰십시오.

대학원	신문방송학	다니다	전공하다	졸업하다
익숙하다	즐겁다	지내다		

안녕하세요? 저는 노르웨이에서 온 노라입니다. 저는 대학교에서 보기 (신문방송학을)을/를 공부했습니다. 한국에서 ❶ (　　　　　)에 가려고 한국말을 배웁니다. 학교를 ❷ (　　　　　)은/ㄴ 후에 방송국에서 일하고 싶습니다.

제 이름은 흐엉입니다. 저는 베트남에서 왔습니다. 저는 한국말을 배우려고 한국어학당에 ❸ (　　　　　)습니다/ㅂ니다. 처음에는 한국말 공부하기가 좀 힘들었습니다. 그런데 지금은 한국 생활에 많이 ❹ (　　　　　)어졌습니다/아졌습니다/여졌습니다.

저는 중국에서 온 리타오입니다. 저는 대학교에 가서 신문방송학을 ❺ (　　　　　)고 싶습니다. 저는 한국 친구가 많습니다. 요즘 수업이 끝나고 친구들과 같이 ❻ (　　　　　)게 놉니다. 지난 방학에는 고향에 가서 가족들과 재미있게 ❼ (　　　　　)었습니다/았습니다/였습니다.

2 대화를 만드십시오.

노라: 에릭 씨, 방학에 어떻게 지냈어요?

에릭: 저는 고향에 가서 가족들과 보기 즐겁게 지냈어요. 노라 씨는요?

노라: 저는 일이 많아서 좀 ❶ ＿＿＿＿＿＿게 지냈어요.

에릭: 그래요? 어제는 뭘 했어요?

노라: 어제는 백화점에 갔어요. 다음 주 일요일이 동생 생일이에요.
그래서 ❷ ＿＿＿＿＿＿으려고/려고 선물을 샀어요.

에릭: 노라 씨 동생은 어디에 있어요?

노라: 동생은 지금 고향에 있어요. 저는 동생이 많이 보고 싶어요.

에릭: 그래요? 노라 씨는 언제 한국에 왔어요?

노라: ❸ ＿＿＿＿＿＿은/ㄴ 지 세 달 됐어요.

에릭: 한국 생활이 어때요?

노라: 처음에는 힘들었지만 지금은 많이 ❹ ＿＿＿＿＿＿어졌어요/아졌어요/여졌어요.

2과

친구와 가족

01 친구가 정말 잘생겼네요

대화 어휘 성격, 연예인, 도와주다, 잘생기다, 착하다

확장 어휘 귀, 마음, 목소리, 무릎, 발, 손, 어깨, 얼굴, 이마
입, 코, 허리, 날씬하다, 똑똑하다

문법 -네요
-겠다[2]

02 우리 언니의 딸이에요

대화 어휘 공무원, 시청, 이모, 조카, 친척

확장 어휘 고모, 고모부, 큰아버지, 큰어머니, 외삼촌, 외숙모
외할아버지, 외할머니, 이모부, 어리다

문법 -을 때
의

1. 친구가 정말 잘생겼네요

MP3 / 03

- 노라 씨와 윤아 씨가 지금 무슨 이야기를 합니까?
- 여러분의 친구는 어떤 사람입니까?

윤아: 노라 씨, 저기 키가 큰 분은 누구예요?

노라: 저 사람은 호주에서 온 제 친구 다니엘이에요.

윤아: 친구가 정말 잘생겼네요. 다니엘 씨는 어떤 사람이에요?

노라: 성격이 밝고 착해서 친구들을 많이 도와줘요.

윤아: 친구들이 다니엘 씨를 좋아하겠어요. 다니엘 씨는 무슨 일을 해요?

노라: 다니엘은 연예인이 되려고 춤과 노래를 배우고 있어요.

잘생기다　성격　착하다　도와주다　연예인

어휘

귀엽다

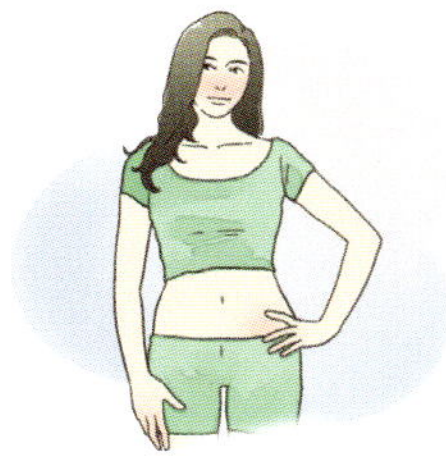
날씬하다

친절하다

똑똑하다

키가 크다

성격이 밝다

마음이 따뜻하다

목소리가 좋다

• (　　) 안에 알맞은 어휘를 쓰고 보기 와 같이 말하십시오.

보기 우리 언니는 (성격이 밝아서)~~어서/아서/여서~~ 친구가 많아요.

1) 제 동생은 아주 (　　　　　　)어서/아서/여서 어려운 책도 빨리 읽어요.

2) 저는 요즘 운동을 많이 해서 (　　　　　　)어졌어요/아졌어요/여졌어요.

3) 리타오 씨는 (　　　　　　)어서/아서/여서 노래를 부르면 듣기가 좋아요.

4) 우리 어머니는 (　　　　　　)어서/아서/여서 다른 사람을 많이 도와주십니다.

보기

제 친구 제임스는 미국 사람이에요. 제임스는 **마음이 따뜻하고** 친절해서 친구들을 많이 도와줍니다. 그래서 친구들이 모두 제임스를 좋아해요.

어휘

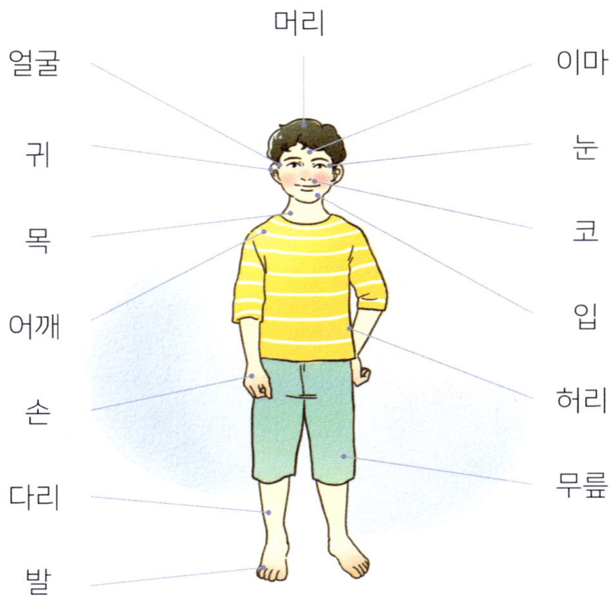

• (　　) 안에 알맞은 어휘를 쓰고 보기 와 같이 말하십시오.

보기

제 친구는 키가 작아요.
눈이 크고 **이마**가 넓어요.
그리고 **머리**가 길어요.

1 -네요

- 유키 씨가 한국말을 잘하네요.
- 윤아 씨, 오늘 입은 옷이 참 예쁘네요.
- 내일이 에릭 씨 생일이네요.
- 주앙 씨가 그림을 잘 그렸네요.

가: 오늘 날씨가 어때요?
나: 날씨가 좀 춥네요.

가: 다니엘 씨가 춤을 잘 추지요?
나: 네, 정말 잘 추네요.

- 흐엉 씨가 친구들에게 말합니다. 보기 와 같이 말하십시오.

보기

흐엉: 에릭 씨가 노래를 **잘하네요.**

2 -겠다[2]

- 그 꽃을 선물하면 친구가 좋아하겠어요.
- 올리비아 씨는 중국에서 오래 살아서 중국말을 잘하겠어요.
- 이 삼계탕이 맛있겠어요.
- 에릭 씨, 가족들을 만나서 반가웠겠네요.

가: 오늘 시험을 정말 잘 봤어요.
나: 그래요? 기분이 좋겠어요.

가: 우리 집 근처에 바다가 있어요.
나: 맛있는 생선을 많이 먹겠네요.

- 에릭 씨와 노라 씨가 이야기합니다. 보기 와 같이 말하십시오.

보기

에릭: 회사에 일이 많아요.
노라: 에릭 씨, 일이 많아서 **힘들겠어요**.

연습해 봅시다

• 보기 와 같이 말하십시오.

보기

1

2

3

보기

가: 어제 이 가방을 샀어요.

나: 가방이 참 예쁘네요.

가: 친구의 생일에 선물할 거예요.

나: 친구가 좋아하겠어요.

2. 우리 언니의 딸이에요

- 두 사람은 무슨 이야기를 하고 있었습니까?
- 여러분은 친척이 많습니까?

유키: 윤아 씨, 이 사진은 언제 찍었어요?

윤아: 작년에 친척들과 같이 여행 갔을 때 찍은 사진이에요.

유키: 머리가 긴 아이는 누구예요?

윤아: 제 조카 지아예요. 지아는 우리 언니의 딸이에요.

유키: 조카가 아주 귀엽네요. 그 옆에 있는 분은 윤아 씨의 언니예요?

윤아: 아니요. 그분은 우리 이모예요. 이모는 시청에서 일하는 공무원이에요.

친척　조카　이모　시청　공무원

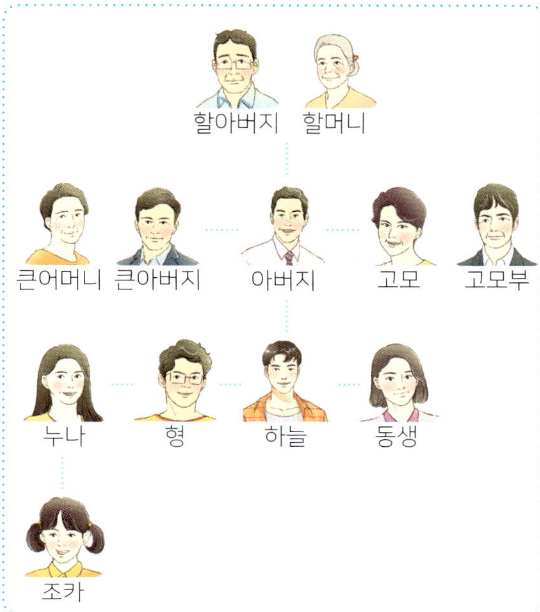

• (   ) 안에 알맞은 어휘를 쓰고 보기 와 같이 말하십시오.

보기

이분은 제 **이모부**이십니다. 이모부는 키가 크고 운동을 좋아하십니다. 그리고 다른 사람을 많이 도와주십니다.

문법

1 -을/ㄹ 때

- 주앙 씨는 친구 집에 갈 때 과일을 가지고 갔어요.
- 배가 아플 때 이 약을 드세요.
- 제가 처음 한국에 왔을 때 여섯 살이었어요.
- 저는 방학 때 고향에 가서 친구를 만났어요.

가: 오늘 날씨가 추워요?
나: 네, 밖에 나갈 때 코트를 입으세요.

가: 레오 씨, 언제 그 친구를 만났어요?
나: 대학교에 다닐 때 그 친구를 만났어요.

- 에릭 씨의 이야기입니다. 보기 와 같이 말하십시오.

보기

에릭: 제가 **일본에 살 때** 그 친구를 만났어요.

2 의

- 저는 그 가수의 노래를 좋아해요.
- 이것은 내 친구의 책이에요.
- 제주도의 경치가 아름다워요.
- 저분은 우리 학교의 선생님이십니다.

가: 이 사람은 누구예요?
나: 제 동생이에요.

가: 이것은 누구의 가방이에요?
나: 유키 씨의 가방이에요.

- 흐엉 씨의 이야기입니다. 보기 와 같이 말하십시오.

보기

유키: 흐엉 씨, 이것은 누구**의** 책이에요?
흐엉: 그건 우리 언니**의** 책이에요.

연습해 봅시다

- 보기 와 같이 말하십시오.

보기

1

2

3

보기

가: 이 사진은 누구 거예요?

나: 노라 씨**의** 사진이에요.

가: 노라 씨가 언제 이 사진을 찍었어요?

나: 노라 씨가 **어렸을 때** 여행을 가서 찍었어요.

어리다

복습

1 알맞은 어휘를 골라 (　　) 안에 쓰십시오.

마음　　성격　　연예인　　조카　　친척

이 사진은 방학 때 고향에서 보기 (친척)들과 같이 찍은 사진이에요. 제 옆에 있는 아이는 미라예요. 미라는 제 ❶ (　　　　　　)이에요/예요. 우리 언니의 딸이에요. 미라는 ❷ (　　　　　　)이/가 따뜻하고 ❸ (　　　　　　)이/가 좋아서 친구들이 많아요. 노래도 잘하고 춤도 잘 춰서 ❹ (　　　　　　)이/가 되고 싶어 해요.

공무원　　시청　　이모　　잘생기다　　착하다

제 옆에 있는 보기 (잘생긴)~~은/ㄴ~~ 남자는 제 남동생이에요. 동생은 아주 ❺ (　　　　　　)어서/아서/여서 다른 사람들을 많이 도와줘요. 동생은 ❻ (　　　　　　)이어서/여서 아주 바빠요. 날마다 ❼ (　　　　　　)에서 일해요. 그 옆에 있는 분은 어머니의 여동생이에요. 제 ❽ (　　　　　　)은/는 친절하고 성격이 밝은 분이에요.

2 알맞은 어휘를 쓰고 대화를 만드십시오.

가: 유키 씨 옆에 있는 남자는 누구예요?
나: 제 보기 **동생**이에요.
가: 유키 씨 언니의 뒤에 있는 분은 누구예요?
나: ❶ 우리 아버지의 누나예요. → (　　　　　　)
가: 유키 씨 아버지의 뒤에 있는 분은 유키 씨의 큰 언니예요?
나: 아니요. ❷ 우리 어머니의 여동생이에요. → (　　　　　　)
가: 유키 씨 오빠의 앞에 있는 사람은 누구예요?
나: ❸ 그분은 우리 아버지의 형이에요. → (　　　　　　)
가: 유키 씨 앞에 있는 아이는 누구예요?
나: 그 아이는 ❹ 우리 오빠의 딸이에요. → (　　　　　　)

복습

<사진을 보며>

가: 유키 씨, 여기 키가 큰 사람은 누구예요?

나: 제 오빠예요. 오빠는 지금 미국에 살아요.

가: 유키 씨 앞에 있는 아이는 보기 오빠의 딸이에요?

나: 네, 제 조카예요. 지금 여섯 살이에요.

가: 조카가 아주 ❶ ________ 네요. 조카를 못 본 지 얼마나 됐어요?

나: 세 달 됐어요. 지난 방학에 ❷ ________ 었을/았을/였을 때 만났어요.
그때 저는 오빠 가족과 같이 여러 곳을 여행했어요.

가: ❸ ________ 었겠어요/았겠어요/였겠어요. 그런데 오빠는 무슨 일을 하세요?

나: 우리 오빠는 무역 회사에서 일해요. 그리고 대학원에서 경영학을 공부하고 있어요.

가: 그럼 ❹ ________ 겠네요.

3과

고향

01 제주도에 가 봤어요?

대화 어휘 구경거리, 남해, 섬, 다녀오다, 푸르다

확장 어휘 거리, 도시, 동해, 롤러코스터, 빌딩, 서해
숲, 시골, 온천, 한라산, 해변, 해산물
신선하다, 편리하다

문법 만에
-어 보다[1]

02 관광지이기 때문에 언제나 사람이 많아요

대화 어휘 관광지, 그립다, 오래되다, 유명하다, 별로

확장 어휘 기쁘다, 부끄럽다, 부럽다, 불안하다
외롭다, 행복하다, 화가 나다

문법 -기 때문에
-는데[2]

MP3 / 05

1. 제주도에 가 봤어요?

- 두 사람은 무슨 이야기를 하고 있습니까?
- 여러분의 고향은 어떤 곳입니까?

윤아: 저는 지난 주말에 고향에 다녀왔어요.

흐엉: 윤아 씨 고향이 제주도지요? 고향에는 얼마 만에 간 거예요?

윤아: 일 년 만에 갔어요. 그런데 흐엉 씨, 제주도에 가 봤어요?

흐엉: 아니요, 아직 못 가 봤어요. 제주도가 어디에 있어요?

윤아: 제주도는 한국의 남해에 있는 섬이에요. 푸른 바다가 아름답고 구경거리도 많아요.

흐엉: 그래요? 저도 꼭 한번 가고 싶어요.

다녀오다 남해 섬 푸르다 구경거리

어휘

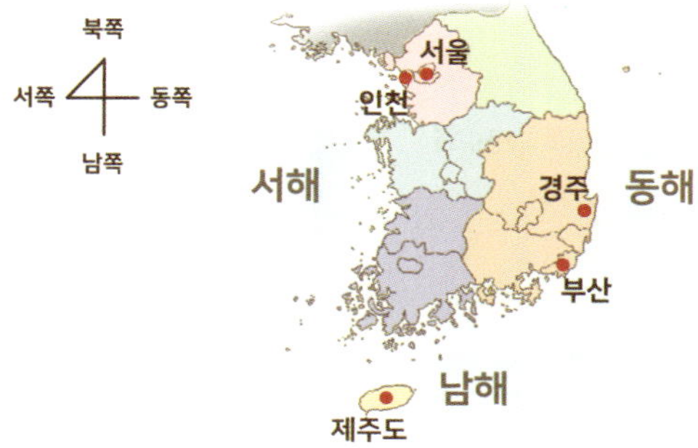

도시

교통이 편리하다

빌딩이 많다

복잡하다

시골

공기가 맑다

조용하다

숲이 있다

섬

해변이 아름답다

해산물이 신선하다

온천이 있다

• (　　) 안에 알맞은 어휘를 쓰고 보기 와 같이 말하십시오.

보기 저는 복잡하지 않고 조용한 (시골)에서 살고 싶어요.

1) 저는 바닷가에 가서 신선한 (　　　　　　)을/를 많이 먹었어요.

2) 저는 겨울에 (　　　　　　) 여행을 갔어요. 물이 따뜻하고 좋았어요.

3) 우리 언니는 지금 (　　　　　　)에서 살아요. 그곳은 자동차가 많고 복잡해요.

4) 제 고향은 섬이에요. 저는 자주 (　　　　　　)에 가서 바다를 보면서 산책을 했어요.

보기

제 고향은 **시골**이에요. 시골은 사람이 많지 않아서 조용해요.

제가 지금 사는 곳은 **도시**예요. 도시에는 빌딩이 많고 자동차가 많아서 아주 복잡해요.

문법

1 만에

- 저는 일 년 만에 고향에 갔어요.
- 제 동생은 오 년 만에 대학교를 졸업했어요.
- 아이가 삼십 분 만에 숙제를 다 했어요.
- 얼마 만에 그 사람을 다시 만났어요?

가: 유키 씨, 얼마 만에 여행을 갔어요?
나: 육 개월 만에 여행을 갔어요.

가: 에릭 씨가 얼마 만에 친구를 만났어요?
나: 에릭 씨가 삼 년 만에 친구를 만났어요.

- 에릭 씨와 올리비아 씨의 이야기입니다. 보기 와 같이 말하십시오.

보기

올리비아: 에릭 씨, **얼마 만에** 스키를 타요?
에　　릭: **삼 년 만에** 스키를 타요.

2 -어/아/여 보다[1]

- 저는 불고기를 만들어 봤어요.
- 유키 씨는 한국 차를 마셔 봤어요.
- 리타오 씨는 남산에 못 가 봤어요.
- 존 씨, 그 가수의 노래를 들어 봤어요?

가: 주앙 씨, 삼계탕을 먹어 봤어요?
나: 네, 삼계탕을 먹어 봤어요.

가: 존 씨, 서울에서 어디에 가 봤어요?
나: 동대문 시장에 가 봤어요.

- 흐엉 씨의 이야기입니다. 보기 와 같이 말하십시오.

보기

친구: 흐엉 씨, 한복을 **입어 봤어요?**
흐엉: 네, **입어 봤어요**.

연습해 봅시다

- 보기 와 같이 말하십시오.

	간 곳	언제	한 일
보기 	제주도	2017년/2019년	한라산에 갔어요.
1 	부산	2018년/2019년	생선회를 먹었어요.
2 	놀이공원	2016년/2019년	롤러코스터를 탔어요.
3 	베트남	2014년/2019년	베트남 커피를 마셨어요.

보기

가: 하늘 씨, 얼마 만에 제주도에 갔어요?

나: **이 년 만에** 제주도에 갔어요.

가: 한라산에 **가 봤어요**?

나: 네, 한라산에 **가 봤어요**.

한라산
롤러코스터

2. 관광지이기 때문에 언제나 사람이 많아요

- 흐엉 씨의 고향은 어떤 곳입니까?
- 여러분은 고향에 가서 무엇을 하고 싶습니까?

윤아: 흐엉 씨 고향은 어떤 곳이에요?

흐엉: 유명한 관광지이기 때문에 언제나 사람이 많아요.

윤아: 그래요? 날씨는 어때요?

흐엉: 서울은 요즘 별로 안 더운데 제 고향은 아주 더워요.

윤아: 흐엉 씨 부모님은 고향에 계시지요?

흐엉: 네, 저는 고향에 다녀온 지 오래돼서 부모님이 아주 그리워요.

유명하다 관광지 별로 오래되다 그립다

어휘

외롭다

부럽다

불안하다

기쁘다

슬프다

행복하다

부끄럽다

화가 나다

그립다

• 관계있는 것을 연결하고 보기 와 같이 말하십시오.

보기 저는 친구를 못 만난 지 오래됐어요.	행복하다
1) 제 방 친구가 고향으로 돌아갔어요.	외롭다
2) 저는 다음 달에 결혼할 거예요.	기쁘다
3) 지난 생일에 선물을 많이 받았어요.	그립다
4) 친구가 약속 시간에 늦게 왔어요.	화가 나다

보기

저는 고향 친구를 못 만난 지 오래됐어요. 그래서 친구들이 너무 **그리워요**.

문법

1 -기 때문에

- 오늘 동생이 한국에 오기 때문에 저는 오후에 공항에 가요.
- 저는 오늘 바쁘기 때문에 친구를 만날 수 없습니다.
- 친구 생일이기 때문에 파티를 했습니다.
- 시험이 끝났기 때문에 도서관에 학생이 많지 않습니다.

가: 왜 이 식당에 사람이 많아요?
나: 음식이 맛있기 때문에 사람이 많아요.

가: 리타오 씨, 왜 여행을 안 가요?
나: 아르바이트 때문에 여행을 안 가요.

- 주앙 씨의 이야기입니다. 보기 와 같이 말하십시오.

보기

친구: 주앙 씨, 왜 늦게 일어났어요?
주앙: **일요일이기 때문에** 늦게 일어났어요.

문법

2 -는데/은데/ㄴ데[2]

- 제 고향은 비가 많이 오는데 서울은 비가 많이 오지 않아요.
- 형은 키가 큰데 동생은 키가 작아요.
- 김치는 조금 매운데 삼계탕은 맵지 않아요.
- 어제는 일이 많아서 바빴는데 오늘은 한가해요.

가: 한국의 날씨가 어때요?
나: 여름에는 더운데 겨울에는 추워요.

가: 유키 씨, 냉면을 좋아해요?
나: 물냉면은 좋아하는데 비빔냉면은 안 좋아해요.

• 에릭 씨와 리타오 씨의 이야기입니다. 보기 와 같이 말하십시오.

1

2

3

4

5

보기

에릭 씨는 운동을 **잘하는데** 리타오 씨는 운동을 잘 못해요.

연습해 봅시다

• 보기 와 같이 말하십시오.

	어디에 가요?	왜 가요?	어때요?
보기 	시장	가까워요.	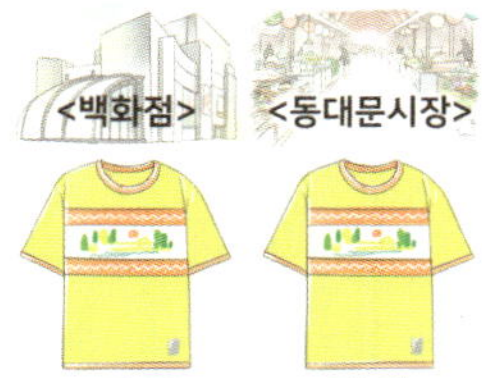
1 	공항	친구가 한국에 와요.	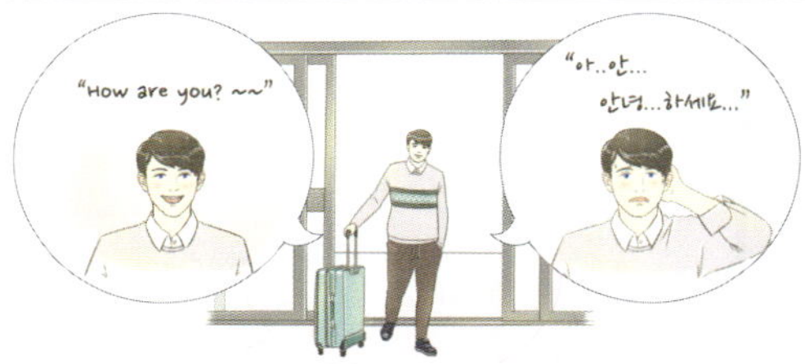
2 	식당	배가 고파요.	
3 	도서관	다음 주에 시험이 있어요.	

보기

가: 흐엉 씨, 왜 동대문 시장에 가요?

나: 집에서 **가깝기 때문에** 가요.

가: 그 시장은 물건 값이 어때요?

나: 집 앞 백화점은 물건 값이 좀 **비싼데** 동대문 시장은 싸요.

복습

1 알맞은 어휘를 골라 (   ) 안에 쓰십시오.

관광지	구경거리	다녀오다	그립다	유명하다
오래되다	푸르다	별로		

보기

가: 제주도가 어때요?

나: 제주도는 (관광지)이기 때문에 사람이 많아요.

1. 가: 비빔밥이 매워요?
   나: 아니요, (   ) 맵지 않아서 외국 사람들도 잘 먹어요.
2. 가: 주말에 어디에 갈까요?
   나: 가까운 시장에 갑시다. 맛있는 음식도 많고 (   )도 많아서 재미있어요.
3. 가: 이 (   )는/은/ㄴ 시계는 누구 거예요?
   나: 우리 할머니께서 저에게 주신 거예요.
4. 가: 이 사진에 있는 분이 다니엘 씨 할아버지예요?
   나: 네, 저는 이 사진을 보면 할아버지가 (   )어져요/아져요/여져요.
5. 가: (   )는/은/ㄴ 가수의 콘서트 표를 예매했어요.
   나: 와, 정말이에요? 저도 그 콘서트를 보고 싶어요.
6. 가: 부산에 여행 갈까요?
   나: 좋아요. 넓은 해변에서 (   )는/은/ㄴ 바다를 보고 사진도 많이 찍읍시다.
7. 가: 유키 씨, 지난주에 왜 학교에 안 왔어요?
   나: 어머니께서 아프셔서 고향에 (   )었어요/았어요/였어요.

2 다음 이야기를 읽고 대화를 만드십시오.

<유키의 이야기>

오늘 수진 씨와 고향 이야기를 했어요. 수진 씨의 고향은 부산이에요. 부산에는 바다가 있어서 경치가 아름답고 구경할 것도 많아요. 또 큰 생선 시장이 있어서 신선한 해산물을 먹을 수도 있어요.

제 고향은 일본의 남쪽에 있는 섬이에요. 저는 1년 전에 고향에 갔어요. 그리고 이번 방학에도 고향에 갈 거예요. 고향에 가기 전에 부모님께 드릴 선물을 살 거예요. 어머니께는 김치를 드리고 싶어요. 우리 어머니는 김치를 좋아하시지만 아버지는 김치를 좋아하시지 않아요. 그래서 아버지께는 한국 라면을 드릴 거예요. 빨리 고향에 가서 부모님을 만나고 싶어요.

-어/아/여 보다 　 -기 때문에 　 만에 　 -는데/은데/ㄴ데

유키: 수진 씨 고향은 어디예요?

수진: 제 고향은 부산이에요. 유키 씨, 보기 **부산에 가 봤어요**?

유키: 아니요. ❶ ______________ 부산은 어떤 곳이에요?

수진: 바다가 아름답고 구경거리도 아주 많은 곳이에요.

유키: 부산은 무슨 음식이 유명해요?

수진: ❷ ______________ 신선한 해산물을 먹을 수 있어요.

유키: 그래요? 저도 가 보고 싶어요. 저는 이번 방학에 고향에 돌아갈 거예요.

수진: 고향이 어디예요?

유키: 제 고향은 일본의 남쪽에 있는 섬이에요.

수진: 얼마 만에 고향에 가는 거예요?

유키: ❸ ______________

수진: 고향에 갈 때 뭘 가지고 갈 거예요?

유키: 어머니께 드릴 김치를 가지고 갈 거예요. ❹ ______________
그래서 아버지께는 한국 라면을 드릴 거예요.

수진: 부모님이 아주 좋아하시겠네요.

4과

집

01 방이 컸으면 좋겠어요

대화 어휘 동네, 룸메이트, 알아보다, 이사하다, 불편하다

확장 어휘 미용실, 분식집, 약도, 이삿짐, 이삿짐센터, 주유소, 짐
찜질방, 계약하다, 싸다, 정리하다

문법 -었으면 좋겠다
-어야겠다

02 새로 이사한 집은 어떤가요?

대화 어휘 베란다, 세탁기, 욕실, 주변, 놓다, 거의, 새로

확장 어휘 거실, 벽, 부엌, 서재, 소파, 수건, 식탁, 옷장, 현관, 걸다

문법 -는 중이다
-나요?

MP3 / 07

1. 방이 컸으면 좋겠어요

- 두 사람이 무슨 이야기를 합니까?
- 여러분은 어떤 집에서 살고 싶습니까?

하늘: 유키 씨, 요즘 바쁘신 것 같아요.
유키: 네, 이사하려고 집을 알아보고 있어요.
지금 사는 집은 방이 작고 교통이 좀 불편해요.
하늘: 어떤 집으로 이사하고 싶어요?
유키: 저는 룸메이트와 같이 살아서 방이 컸으면 좋겠어요.
하늘: 우리 동네에 싸고 좋은 원룸이 많아요.
유키: 그래요? 그럼 그 동네 집을 알아봐야겠어요.

이사하다　알아보다　불편하다　룸메이트　동네

어휘

집을 알아보다

계약하다

이삿짐센터에 예약하다

이삿짐을 싸다

이사를 하다

짐을 정리하다

- (　　　) 안에 알맞은 어휘를 쓰십시오.

지금 사는 집이 좀 작아서 저는 큰 집으로 이사하고 싶었어요. 저는 인터넷에서 좋은 집을 보기 (알아봤어요)~~었어요/았어요/였어요~~. 싸고 좋은 집이 있어서 그 집의 주인과 ❶ (　　　　　　)었어요/았어요/였어요. 그리고 ❷ (　　　　　　)에 전화를 해서 예약했어요. 이사하기 전에 이삿짐을 ❸ (　　　　　　)었어요/았어요/였어요. 물건이 많아서 좀 힘들었어요. 새 집으로 이사를 한 후에 친구와 같이 짐을 ❹ (　　　　　　) 었어요/았어요/였어요.

- 이사를 할 때 무엇을 준비합니까? 보기 와 같이 말하십시오.

보기

저는 이사를 하기 전에 먼저 집을 **알아봤어요**. 그 다음에 집 주인과 **계약했어요**.

어휘

- 관계있는 것을 연결하고 보기 와 같이 말하십시오.

보기	분식집	머리
1)	미용실	산책
2)	주유소	샤워
3)	공원	김밥, 라면
4)	찜질방	자동차

보기

우리 집 근처에 **분식집**이 있어요. 저는 배가 고플 때 자주 그 분식집에 가서 밥을 먹어요.

1 -었으면/았으면/였으면 좋겠다

- 다음 주에 시험이 있습니다. 저는 시험을 잘 봤으면 좋겠습니다.
- 저는 대학교를 졸업하고 방송국에서 일했으면 좋겠습니다.
- 친구가 내일 여행을 가요. 날씨가 좋았으면 좋겠습니다.
- 룸메이트가 성격이 좋은 사람이었으면 좋겠어요.

가: 유키 씨, 방학에 무엇을 할 거예요?
나: 저는 외국에 여행을 갔으면 좋겠어요

가: 리타오 씨, 생일에 무슨 선물을 받고 싶어요?
나: 노트북을 받았으면 좋겠어요.

- 윤아 씨의 이야기입니다. 보기 와 같이 말하십시오.

보기

저는 대학교를 졸업하고 무역 회사에서 **일했으면 좋겠어요.**

2 -어야겠다/아야겠다/여야겠다

- 연필이 없어서 친구에게 빌려야겠습니다.
- 시간이 없어서 저는 택시를 타야겠습니다.
- 다음 주에 시험이 있어서 저는 공부를 해야겠어요.
- 게임을 너무 많이 하지 말아야겠어요.

가: 내일 유키 씨가 이사를 해요.
나: 그래요? 제가 도와줘야겠어요.

가: 존 씨, 어디 아프세요?
나: 머리가 아파서 약을 먹어야겠어요.

- 주앙 씨가 무슨 생각을 합니까? 알맞은 것을 골라 보기 와 같이 말하십시오.

집을 청소하다	공항에 가다	식당에 가다
아르바이트를 하다	선물을 사다	두꺼운 옷을 사다

보기

1

2

3

4

5

보기

친구들이 우리 집에 올 거예요. 오늘 집을 **청소해야겠어요.**

연습해 봅시다

● 보기 와 같이 말하십시오.

주말

보기

여름방학

1

일요일

2

생일

3

보기

가: 주말에 뭘 하고 싶어요?

나: 등산을 **했으면 좋겠어요**.

가: 요즘 산에 가면 추워요.

나: 그럼 두꺼운 옷을 입고 **가야겠어요**.

MP3 / 08

2. 새로 이사한 집은 어떤가요?

- 유키 씨가 무엇을 하고 있습니까?
- 여러분은 이사를 한 후에 제일 먼저 무엇을 합니까?

하늘: 유키 씨, 이사를 다 했어요?

유키: 네, 거의 다 끝났어요. 지금 집을 청소하는 중이에요.

하늘: 새로 이사한 집은 어떤가요?

유키: 방이 크고 조용해서 좋아요. 집 주변에 가게도 많고 지하철역도 가까워요.

하늘: 그래요? 뭐 불편한 것은 없어요?

유키: 욕실이 좀 작아요. 그래서 세탁기를 베란다에 놓았어요.

거의　새로　주변　욕실　세탁기　베란다　놓다

옷장 소파 식탁 세탁기 책장 신발장	을/를	방 거실 부엌 베란다 서재 현관	에 놓다

그림 옷 가방 거울 시계 수건	을/를	거실 옷걸이 책상 옆 현관 벽 욕실	에 걸다

- 관계있는 것을 연결하십시오.

보기 책장 • • 현관 •

1) 세탁기 • • 베란다 • • 놓다

2) 거울 • • 욕실 •

3) 식탁 • • 부엌 • • 걸다

4) 수건 • • 서재 •

- 다음의 물건을 어디에 놓고 싶습니까? 보기 와 같이 말하십시오.

책상	신발장	소파	달력	그림	세탁기

보기

저는 책상을 **서재**에 **놓고** 싶습니다.

문법

1 -는 중이다

- 존 씨가 책을 읽는 중이에요.
- 에릭 씨는 지금 회사에서 일하는 중이에요.
- 수업 중에 조용히 해 주십시오.
- 지금은 회의 중이니까 밖에서 기다려 주십시오.

가: 리타오 씨, 뭘 하세요?
나: 지금 운동을 하는 중이에요.

가: 사무실 문을 열었어요?
나: 아니요, 방학 중에는 문을 열지 않아요.

- 하늘 씨가 친구들과 이야기합니다. 보기 와 같이 말하십시오.

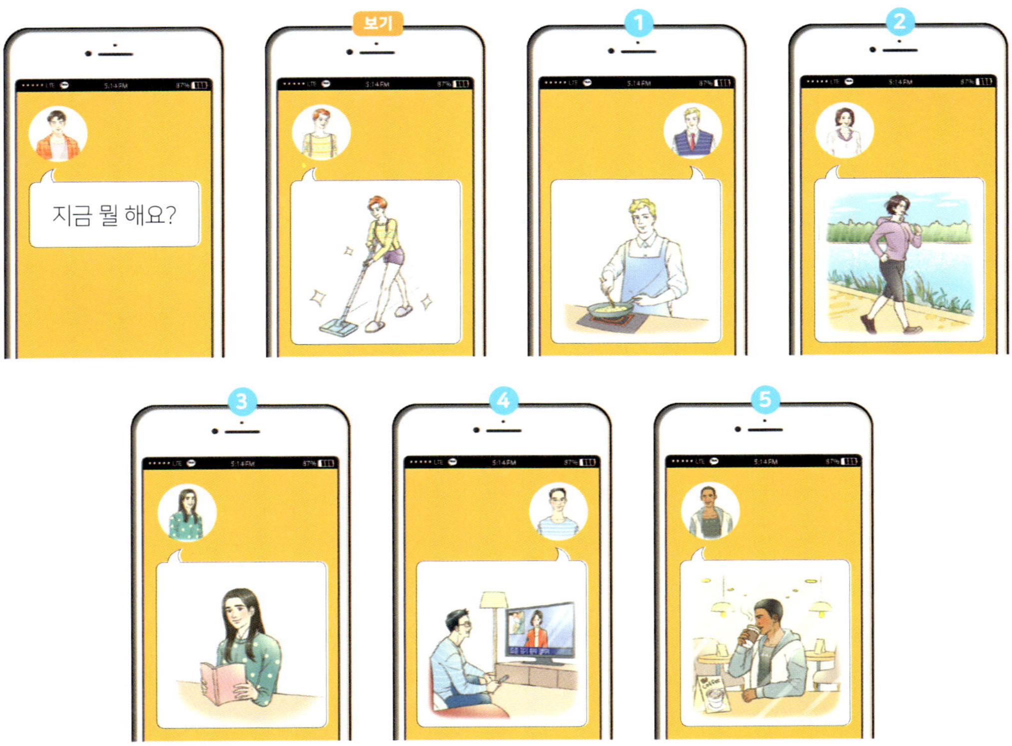

보기

하늘: 노라 씨, 지금 뭘 하세요?
노라: 저는 지금 **청소하는 중이에요**.

2 -나요/은가요/ㄴ가요?

- 리타오 씨는 몇 시에 집에 오나요?
- 김치찌개가 매운가요?
- 올리비아 씨 친구는 어느 나라 사람인가요?
- 에릭 씨, 방 청소를 다 했나요?

가: 리타오 씨, 어느 나라에서 오셨나요?
나: 저는 중국에서 왔어요.

가: 유키 씨, 친구 생일이 언제인가요?
나: 다음 주 토요일이에요.

- 유키 씨가 하숙집에 전화를 했습니다. 보기 와 같이 쓰십시오.

아주머니: 연세 하숙집입니다.
유　　키: 하숙집을 알아보고 싶어서 전화했습니다. 그 집의 방은 어떤가요?
아주머니: 방이 크고 밝습니다.
유　　키: ① ____________________?
아주머니: 네, 아침과 저녁을 드립니다.
유　　키: ② ____________________?
아주머니: 네, 룸메이트와 같이 살아야 합니다.
유　　키: ③ ____________________?
아주머니: 아니요, 냉장고는 거실에 있어요.
유　　키: ④ ____________________?
아주머니: 네, 세탁기가 있습니다.
유　　키: ⑤ ____________________?
아주머니: 아니요, 멀지 않습니다. 학교까지 걸어서 5분 걸립니다.

연습해 봅시다

● 보기 와 같이 말하십시오.

보기

1

2

3

보기

가: 노라 씨, 지금 뭘 하세요?

나: 여행 준비를 **하는 중이에요**.

가: 언제 여행을 **가나요**?

나: 이번 토요일에 갈 거예요.

복습

1 알맞은 어휘를 골라 (　　　) 안에 쓰십시오.

동네	룸메이트	주변	이사하다	불편하다
알아보다	거의	새로		

보기

가: 누구하고 같이 살아요?

나: 저는 하숙집에서 (룸메이트)하고 같이 살아요.

① 가: 지금 사는 집이 어때요?
 나: 방이 너무 작아서 좀 (　　　　　　)어요/아요/여요.

② 가: 주말에 뭘 했어요?
 나: 하숙집으로 (　　　　　　)었어요/았어요/였어요.

③ 가: 방학 때 여행을 가려고 호텔을 (　　　　　　)는 중이에요.
 나: 그래요? 좋은 호텔이 있어요?

④ 가: 우리 집 (　　　　　　)에 편의점과 지하철역이 있어요.
 나: 그래요? 아주 편리하겠군요.

⑤ 가: 이 가방은 지난주에 (　　　　　　) 산 거예요.
 나: 가방이 아주 예쁘네요.

⑥ 가: 유키 씨, 샌드위치를 다 만들었어요?
 나: (　　　　　　) 다 만들었으니까 조금만 기다려 주세요.

⑦ 가: 노라 씨가 사는 (　　　　　　)에 극장이 있어요?
 나: 아니요, 극장은 없어요. 그런데 큰 공원이 있어서 좋아요.

2 대화를 만드십시오.

윤아: 노라 씨, 지금 어디에 보기 사나요?~~나요?/은가요?/ㄴ가요~~?

노라: 학교 근처 원룸에 살아요. 지난주에 이사를 했어요.

윤아: 이사한 집은 ❶ ________ 나요/은가요/ㄴ가요?

노라: 집이 조용하고 좋아요. 방값도 싸고요.

윤아: 저는 지금 하숙집에 살아요. 그런데 학교에서 멀어서 좀 힘들어요.
❷ ________ 어야겠어요/아야겠어요/여야겠어요.

노라: 그래요? 좋은 집을 찾았어요?

윤아: 지금 ❸ ________ 는 중이에요. 그런데 좋은 집을 찾기가 어렵네요.

노라: 어떤 집으로 이사하고 싶어요?

윤아: ❹ ________ 었으면/았으면/였으면 좋겠어요.
지금 사는 곳은 교통이 너무 불편해요.

노라: 그럼, 우리 집에서 같이 사는 게 어때요? 저는 혼자 살아서 좀 외로워요.
그래서 룸메이트와 같이 살고 싶어요.

5과

음식

01 접시에 덜어서 한번 드셔 보세요

대화 어휘 갈비찜, 명절, 소고기, 접시, 덜다, 양념하다

확장 어휘 고추장, 된장, 방법, 삼성역, 설탕, 소금
스트레스, 식초, 양념, 인사동, 후추, 깎다, 넣다
말다, 비비다, 뿌리다, 섞다, 찍다

문법 -어 보다[2]
-는데[3]

02 불고기를 만들어 본 적이 있어요?

대화 어휘 간, 고기, 기름, 참기름, 채소, 프라이팬, 보다, 볶다

확장 어휘 감자, 닭고기, 냄비, 당근, 면, 돼지고기, 버섯
설렁탕, 소스, 쓰레기, 쓰레기통, 양파, 요리법
재료, 책장, 파, 굽다, 꽂다, 끓이다, 다지다, 두다
버리다, 삶다, 썰다, 잃어버리다, 찌다, 튀기다

문법 -은 적이 있다
에다가

1. 접시에 덜어서 한번 드셔 보세요

MP3 / 09

- 흐엉 씨와 윤아 씨는 무엇을 먹습니까? 이 음식은 어떻게 먹습니까?
- 여러분은 무슨 음식을 좋아합니까?

윤아: 흐엉 씨, 갈비찜을 먹어 봤어요?

흐엉: 아니요, 아직 못 먹어 봤어요.

윤아: 갈비찜은 소고기로 만든 음식인데 보통 명절 때 많이 먹어요.

흐엉: 갈비찜은 맵지 않은가요?

윤아: 네, 간장으로 양념을 해서 맵지 않아요.
접시에 덜어서 한번 드셔 보세요.

흐엉: 네, 맛있겠네요. 잘 먹겠습니다.

갈비찜　소고기　명절　양념하다　접시　덜다

양념

된장

고추장

소금

설탕

식초

후추

음식을 먹는 방법

덜다

비비다

말다

넣다

찍다

섞다

뿌리다

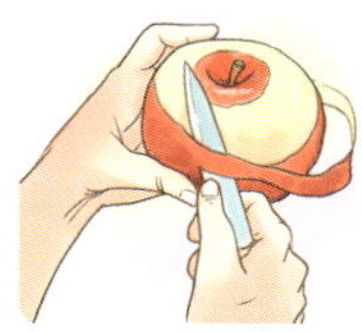

깎다

- 알맞은 어휘를 골라 보기 와 같이 쓰십시오.

간장	식초	후추		넣다	말다	비비다	뿌리다	찍다

보기 초밥을 (간장)에 (찍어서)~~어서/아서/여서~~ 먹었어요.

1) 미역국에 밥을 ( )어서/아서/여서 먹었어요.

2) 자장면과 비빔밥은 ( )어서/아서/여서 먹는 음식이에요.

3) 물냉면에 ( )을/를 조금 ( )어서/아서/여서 드세요.

4) 저는 스테이크를 먹을 때 ( )을/를 조금 ( )어서/아서/여서 먹어요.

1 -어/아/여 보다[2]

- 잡채를 만들어 보고 싶어요.
- 이 티셔츠를 입어 볼 수 있어요?
- 제가 좋아하는 가수의 노래를 한번 들어 보세요.
- 이번 방학에 시간이 있으면 설악산에 가 보세요.

가: 옷이 좀 작아요.
나: 그럼 조금 큰 옷을 입어 보세요.

가: 요즘 건강이 안 좋아요.
나: 운동을 해 보세요.

- '다 물어보세요!' 컴퓨터는 어떻게 말할까요? 보기 와 같이 말하십시오.

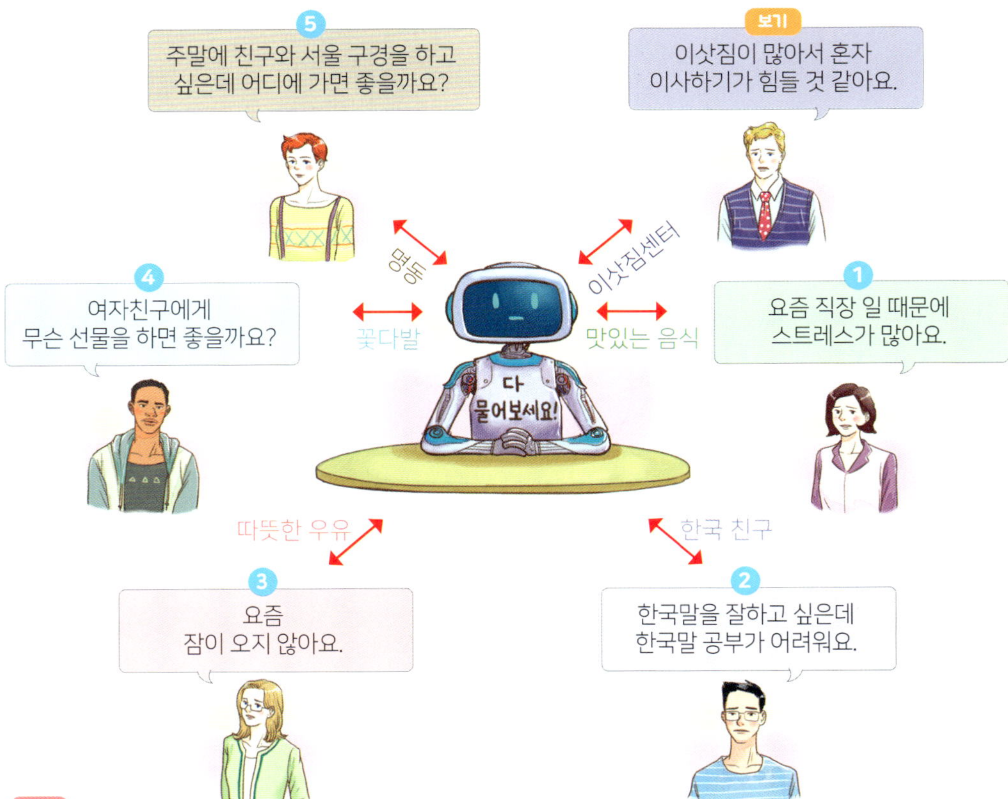

보기

에　릭: 이삿짐이 많아서 혼자 이사하기가 힘들 것 같아요.
컴퓨터: 이삿짐센터에 **전화해 보세요.**

스트레스

2 -는데/은데/ㄴ데3

- 저는 기숙사에 사는데 방이 크고 깨끗해요.
- 남대문 시장은 우리 집에서 가까운데 싸고 좋은 물건이 많아요.
- 윤아 씨는 제 한국 친구인데 예쁘고 친절해요.
- 저는 지난주에 부산으로 여행을 갔는데 부산 바다가 아주 아름다웠어요.

가: 어느 식당에 자주 가세요?
나: 저는 학생 식당에 자주 가는데 값도 싸고 맛있어요.

가: 흐엉 씨 고향은 어디예요?
나: 베트남 하노이인데 경치가 아름답고 사람들이 친절해요.

- 다음은 올리비아 씨의 물건입니다. 알맞은 것을 골라 보기 와 같이 말하십시오.

가볍다	그림이 귀엽다	따뜻하다	예쁘다
재미있다	크다	튼튼하다	편하다

보기

이 바지는 작년에 명동에서 **샀는데** 아주 예쁘고 편해요.

연습해 봅시다

• 보기 와 같이 말하십시오.

보기 구경할 곳	 인사동	유명한 관광지입니다. 오래된 물건을 많이 볼 수 있습니다.
1) 음식	 삼계탕	닭고기로 만듭니다. 아주 맛있습니다.
2) 쇼핑 장소	 남대문 시장	신촌에서 가깝습니다. 물건이 많고 값도 쌉니다.
3) 놀러 갈 곳	 코엑스(COEX)	삼성역 근처에 있습니다. 재미있는 것들이 많습니다.

보기

가: 어디를 구경하면 좋을까요?

나: 인사동을 **구경해 보세요**.

가: 인사동은 어떤 곳이에요?

나: 유명한 **관광지인데** 오래된 물건을 많이 볼 수 있는 곳이에요.

인사동
삼성역

2. 불고기를 만들어 본 적이 있어요?

- 윤아 씨와 유키 씨는 무슨 음식을 만듭니까?
- 여러분은 무슨 음식을 만들어 봤습니까?

윤아: 유키 씨, 불고기를 만들어 본 적이 있어요?
유키: 아니요, 만들어 본 적이 없어요.
윤아: 먼저 고기에다가 간장하고 설탕하고 참기름을 넣으세요.
유키: 네, 넣었어요. 그 다음에는 어떻게 해요?
윤아: 프라이팬에 기름을 넣고 양념한 고기와 채소를 같이 볶으세요.
그리고 간을 보고 싱거우면 간장을 더 넣으세요.
유키: 네, 생각보다 어렵지 않네요.

고기 참기름 프라이팬 기름 채소 볶다 간 보다

어휘

• 다음 음식의 재료를 보기 와 같이 쓰십시오.

보기 비빔밥: **밥, 당근, 양파, 버섯, 소고기**

1) 불고기: ____________　　2) 삼계탕: ____________

3) 된장찌개: ____________　　4) 돈가스: ____________

요리법

• 어떻게 만들어서 먹습니까? 보기 와 같이 말하십시오.

보기
돼지고기

돼지고기를 **구워서** 먹습니다.
돼지고기를 **삶아서** 먹습니다.

1) 생선　　2) 만두
3) 감자　　4) 국수

1 -은/ㄴ 적이 있다(없다)

- 저는 한국 음식을 만든 적이 있어요.
- 노라 씨는 삼계탕을 먹은 적이 없어요.
- 주앙 씨는 한복을 입어 본 적이 있습니다.
- 한국에서 버스를 잘못 탄 적이 있어요?

가: 한국에 오기 전에 한국말을 공부한 적이 있어요?
나: 네, 공부한 적이 있어요.

가: 그 이야기를 들은 적이 있어요?
나: 아니요, 들은 적이 없어요.

- 에릭 씨와 반 친구들이 이야기합니다. 보기 와 같이 말하십시오.

보기

에릭: 저는 한강에서 배를 **탄 적이 있어요**.

잃어버리다

2 에다가

- 지갑에다가 돈을 넣었어요.
- 국에다가 밥을 말아서 먹었어요.
- 이 종이에다가 그림을 그리세요.
- 여기에다가 전화번호와 주소를 써 주세요.

가: 이메일 주소를 어디에다가 쓸까요?
나: 여기에다가 쓰세요.

가: 커피가 좀 써요.
나: 그럼 커피에다가 설탕을 좀 넣으세요.

- 흐엉 씨의 방을 정리합니다. 알맞은 어휘를 골라 보기와 같이 말하십시오.

걸다 꽂다 넣다 놓다 두다 버리다

꽂다
두다
버리다
쓰레기
쓰레기통
책장

보기

로보: 노트북을 **어디에다가** 놓을까요?
흐엉: 책상 **위에다가** 놓으세요.

연습해 봅시다

● 보기 와 같이 말하십시오.

보기

1

2

3

보기

가: 스파게티를 만들어 본 적이 있어요?

나: 네, 만들어 본 적이 있어요.

가: 어떻게 만드는 거예요?

나: 먼저 냄비에다가 물을 넣고 면을 삶으세요. 그리고 프라이팬에 삶은 면과 다른 재료들을 넣고 소스와 같이 볶으세요.

냄비
면
설렁탕
소스

복습

1 알맞은 어휘를 골라 (　　) 안에 쓰십시오.

프라이팬　　덜다　　볶다　　양념하다

저는 고추장으로 보기 (양념한)~~는/은/ㄴ~~ 한국 음식을 좋아합니다. 그래서 닭갈비를 아주 좋아합니다. 닭갈비는 ❶ (　　　　)에 닭고기와 여러 가지 채소를 넣고 ❷ (　　　　)어서/아서/여서 만듭니다. 보통 여러 사람들과 같이 먹기 때문에 접시에 ❸ (　　　　)어서/아서/여서 먹습니다.

명절　　소고기　　참기름　　보다

불고기를 소개하겠습니다. 불고기는 한국의 보기 (명절) 때 많이 먹는 음식입니다. 만드는 방법은 어렵지 않습니다. 먼저 ❹ (　　　　)을/를 양념합니다. 이때 ❺ (　　　　)을/를 넣으면 더 맛있습니다. 그리고 채소와 같이 프라이팬에다가 넣고 볶습니다. 간을 ❻ (　　　　)고 싱거우면 간장을 더 넣습니다. 아주 맛있습니다. 한번 드셔 보세요.

2 대화를 만드십시오.

-는데/은데/ㄴ데[3]　　-어/여/여 보다[2]　　에다가　　-은/ㄴ 적이 있다

존 : 한강에 보기 가 본 적이 있어요?
노라: 네, ❶ ________________
존 : 한강에 언제 갔어요?
노라: 저는 작년에 ❷ ________________ 친구와 산책도 하고 사진도 찍었어요.
존 : 그래요? 자전거도 타셨어요?
노라: 네, 자전거를 타고 한강을 구경했는데 아주 재미있었어요.
자전거를 빌릴 수 있으니까 존 씨도 한번 ❸ ________________
존 : 재미있겠네요. 거기에서 식사도 하셨어요?
노라: 네, 배를 타는 곳 근처에 식당이 있어요. 저는 설렁탕을 먹었는데 조금 싱거워서
설렁탕 ❹ ________________ 소금을 좀 넣어서 먹었어요.

6과

시장

01 큰 마트니까 아마 팔 거예요

대화 어휘 마트, 방석, 비누, 생수, 이불, 팔다

확장 어휘 감, 냉동식품, 대회, 배추, 소리, 생활용품, 식료품
음료, 참외, 치약, 칫솔, 토마토, 포도, 포스터, 햄

문법 -을까요?[3]
-을 거예요[2]

02 친구가 힘들어할 것 같아요

대화 어휘 매장, 상품, 할인, 세일하다, 항상

확장 어휘 가전제품, 귀걸이, 남성복, 목걸이, 반지, 배낭, 수영복
스포츠용품, 여성복, 장갑, 패션잡화, 핸드백, 들다
메다, 쓰다, 차다

문법 -는데[4]
-어하다

1. 큰 마트니까 아마 팔 거예요

MP3 / 11

- 노라 씨는 무엇을 사겠습니까?
- 여러분은 어디에서 물건을 삽니까? 왜 거기에서 삽니까?

노라: 유키 씨, 비누하고 생수를 사러 가려고 해요. 어디에 가면 좋아요?
유키: 지하철역 근처에 있는 마트가 싸니까 한번 가 보세요.
많이 사면 배달도 해 줘요.
노라: 기숙사 지하에 있는 편의점은 어때요?
유키: 편의점은 보통 마트보다 값이 좀 비싸요.
노라: 그래요? 마트에서 이불이나 방석도 팔까요?
유키: 거기는 큰 마트니까 아마 팔 거예요.

비누 생수 마트 이불 방석 팔다

어휘

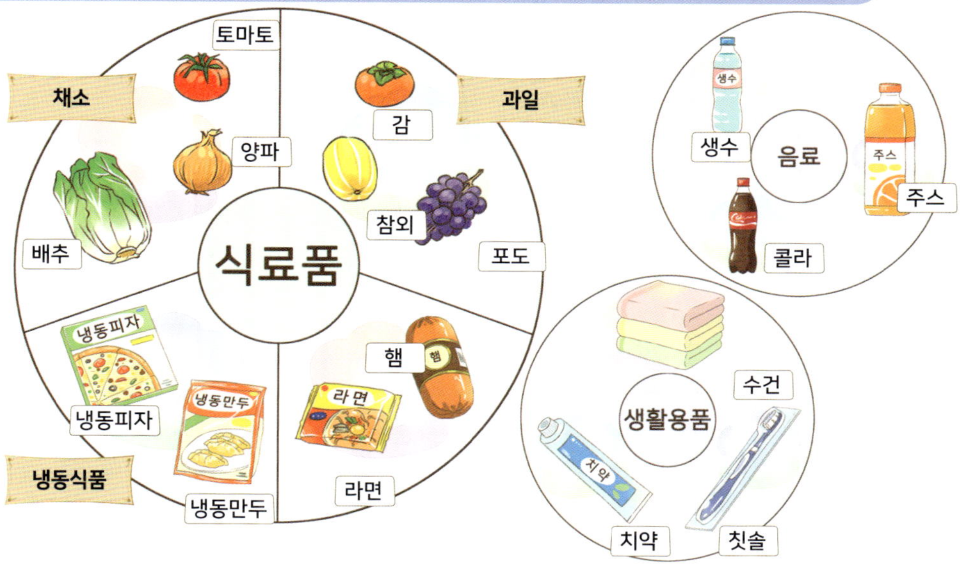

• 여러분은 물건을 어디에서 삽니까? (　　) 안에 알맞은 어휘를 쓰고 보기 와 같이 말하십시오.

물건	사는 곳
보기 	집 근처에 있는 마트에서 (생활용품을)을/를 사요.
1) 	집에서 요리할 시간이 없을 때는 슈퍼마켓에서 (　　　　)을/를 사서 먹어요.
2) 	(　　　　)을/를 많이 살 때는 무거우니까 인터넷에서 사요.
3) 	오늘 먹을 (　　　　)은/는 가까운 편의점에서 사요.
4) 	(　　　　)을/를 사러 시장에 가요.

보기

저는 **생활용품**을 사러 보통 마트에 갑니다. 마트에 가면 **칫솔**이나 **치약**을 싸게 살 수 있습니다.

1 -을까요/ㄹ까요?³

- 오늘 눈이 많이 올까요?
- 학생 식당 냉면이 맛있을까요?
- 저기 있는 가방은 얼마일까요?
- 에릭 씨는 결혼했을까요?

가: 주앙 씨 동생은 한국말을 알까요?
나: 아버지가 한국 사람이니까 알 것 같아요.

가: 떡볶이가 많이 매울까요?
나: 별로 맵지 않을 것 같아요.

- 두 사람이 인사동에 갔습니다. 보기 와 같이 말하십시오.

소리

보기

유　　키: 저 물건은 언제 **만들었을까요?**
올리비아: 아마 오래 전에 만들었을 것 같아요.

2 -을/ㄹ 거예요²

- 주말에 비가 많이 올 거예요.
- 그것은 요리할 때 사용하는 물건일 거예요.
- 시장에서 파는 청바지는 비싸지 않을 거예요.
- 유키 씨가 시험을 잘 봤을 거예요.

가: 에릭 씨는 어디에 있어요?
나: 아마 도서관에서 공부하고 있을 거예요.

가: 오늘 수영장에 사람들이 많을까요?
나: 날씨가 더워서 사람들이 많을 거예요.

- 두 사람이 포스터를 봅니다. 보기 와 같이 말하십시오.

보기

노라: 저 노래 대회에 외국 사람들이 많이 나갈까요?
윤아: 요즘에 한국 노래를 좋아하는 외국 사람들이 많으니까 아마 많이 **나갈 거예요**.

포스터
대회

연습해 봅시다

● 보기 와 같이 말하십시오.

보기

1

2

3

보기

가: 저 식당 어때요?

나: 괜찮네요.

가: 저 식당은 무슨 음식이 맛있을까요?

나: TV 프로그램에 소개됐으니까 아마 불고기가 맛있을 거예요.

2. 친구가 힘들어할 것 같아요

- 유키 씨는 무엇을 하려고 합니까?
- 여러분은 시장에 가 본 적이 있습니까? 어땠습니까?

유키: 친구가 옷을 사고 싶어 하는데 어디에 가면 좋을까요?

윤아: 동대문 시장이 어때요? 거기에는 물건도 많고 구경거리도 많아요.

유키: 시장은 너무 복잡해서 친구가 힘들어할 것 같아요.

윤아: 동대문 시장 근처에는 큰 할인 매장도 있어요.

유키: 그래요? 할인 매장이 쇼핑하기가 더 편하겠어요.

윤아: 거기는 항상 세일하는 곳이니까 싸고 좋은 상품이 많을 거예요.

할인 매장 항상 세일하다 상품

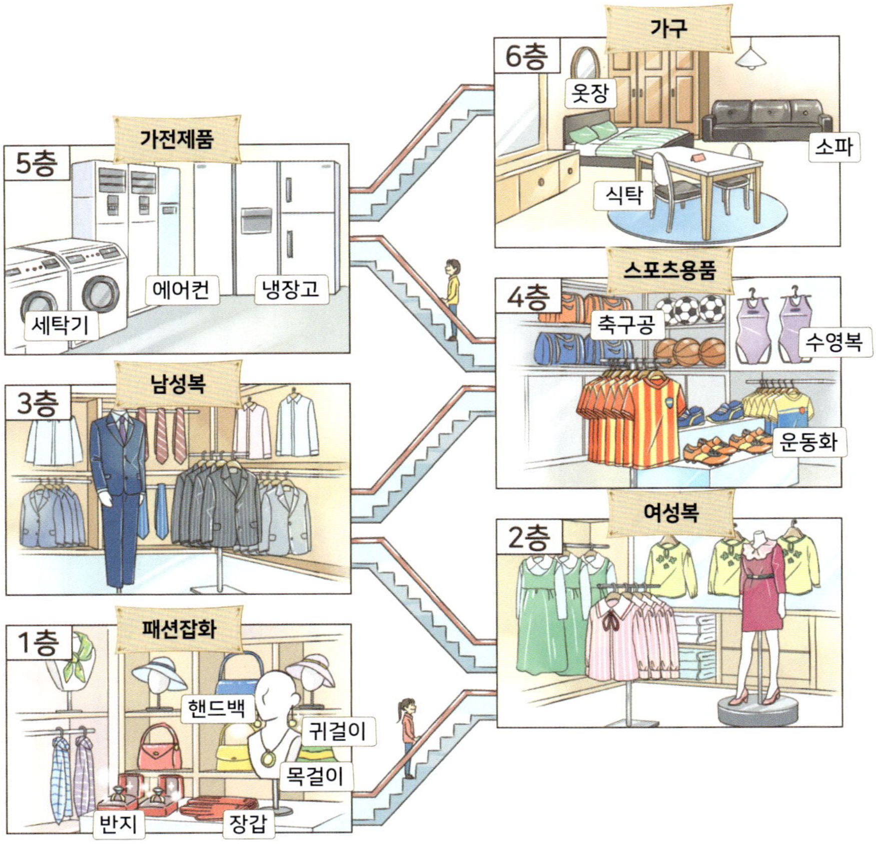

- 다음 물건을 사려고 합니다. 보기 와 같이 말하십시오.

보기 여자 친구에게 줄 목걸이

1) 거실에 놓을 소파

2) 졸업식 때 입을 치마

3) 여름휴가 때 입을 수영복

4) 이사 간 집에 놓을 세탁기

보기

가: 여자 친구에게 줄 **목걸이**를 사려고 해요.

나: 그럼 1층에 있는 **패션잡화** 매장으로 가세요.

들다

메다

하다

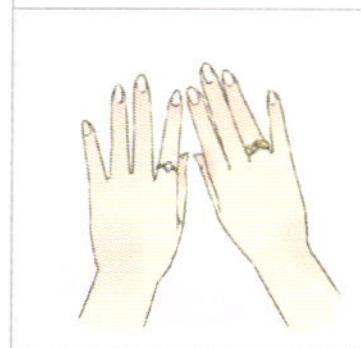

끼다

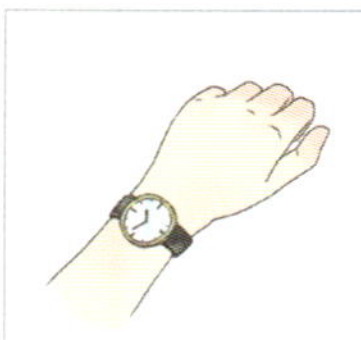

차다

신다

쓰다

- 그림을 보고 보기 와 같이 말하십시오.

보기 리타오 씨는 안경을 **쓰고** 배낭을 **메고** 있습니다.
그리고 운동화를 **신고** 있습니다.

1 

2 

3 

4 

문법

1 -는데/은데/ㄴ데4

- 영어를 잘하는데 미국에서 산 적이 있어요?
- 가방이 예쁜데 어디에서 샀어요?
- 저는 외국 사람인데 한국 여행사에서 일할 수 있을까요?
- 저는 중국에서 왔는데 에릭 씨는 어디에서 왔어요?

가: 윤아 씨, 수영을 잘하는데 누구에게 배웠어요?
나: 아버지께서 가르쳐 주셨어요.

가: 백화점은 물건 값이 비싼데 시장은 어때요?
나: 그렇게 비싸지 않아요.

- 에릭 씨가 유키 씨에게 우진 씨를 소개해 주었습니다. 알맞은 것을 골라 보기 와 같이 말하십시오.

4개월쯤 됐어요	여행을 가 봤어요	이탈리아에서 샀어요
제 고향은 도쿄예요	저는 홍대 근처에 살아요	저는 매운 음식을 잘 먹어요

보기

우진: 한국말을 **잘하는데** 배운 지 얼마나 됐어요?
유키: 4개월쯤 됐어요.

2 -어하다/아하다/여하다

- 친구가 한국말 배우는 것을 재미있어합니다.
- 리타오 씨가 고향 음식을 먹고 싶어 해요.
- 사람들은 친절하고 잘 웃는 사람을 좋아해요.
- 할머니께서 제 동생을 귀여워하세요.

가: 요즘 에릭 씨는 잘 지내요?
나: 일이 많아서 힘들어해요.

가: 친구들과 영화를 재미있게 봤어요?
나: 흐엉 씨가 너무 무서워했어요.

- 반 친구들은 요즘 어떻게 지냅니까? 보기 와 같이 말하십시오.

보기

윤아: 요즘에 레오 씨는 어떻게 지내요? 잘 지내고 있어요?

존　: 공부도 하고 일도 해서 많이 **피곤해해요.**

연습해 봅시다

• 보기 와 같이 말하십시오.

가족 여행

보기

어디에 갈까?

여자 친구와 데이트

1

무슨 영화를 볼까?

친구들과 파티

2

무슨 음식을 만들까?

친구 생일

3

무슨 선물을 줄까?

보기

가: 가족 여행을 **가는데** 어디에 가면 좋을까요?

나: 제주도에 가세요.

가: 제주도요? 가족들이 좋아할까요?

나: 제주도에 가면 가족들이 **즐거워할 거예요**.

복습

1 알맞은 어휘를 골라 (   ) 안에 쓰십시오.

마트	매장	비누	생수	이불	할인	팔다	항상

나는 오늘 지하철역 근처에 있는 보기 (마트)에 갔다. 그 마트는 아주 커서 가구나 가전 제품을 살 수 있는 ❶ (   )도 있었다. 우선 생활용품을 파는 곳에 가서 ❷ (   )을/를 다섯 개 샀다. 다섯 개를 사면 30% ❸ (   )을/를 받을 수 있었다. 그리고 날씨가 추워져서 두꺼운 ❹ (   )과/와 의자에 놓을 방석을 샀다. 값도 싸고 예뻐서 좋았다. 그리고 ❺ (   )도 열 병 샀다. 싸고 좋은 물건을 많이 사서 기분이 좋았다. 나는 지금까지 ❻ (   ) 기숙사 지하에 있는 편의점에 갔는데 이제는 여러 가지 상품을 싸게 ❼ (   )는/은/ㄴ 마트에 자주 가려고 한다.

2 대화를 만드십시오.

에릭: 보기 부모님이 한국에 오시는데~~는데/은데/ㄴ데~~ 어디에 가면 좋을까요?

유키: 부모님이 뭘 좋아하세요?

에릭: 저희 부모님은 맛있는 음식 먹는 것도 좋아하시고 음식 만드는 것도 좋아하세요.

유키: 그럼 서울역 근처에 있는 큰 시장에 가 보세요. 그 시장은 떡볶이가 유명해요.
부모님께서 ❶ ____________어할/아할/여할 거예요.

에릭: 우리 부모님은 매운 음식을 잘 못 드시는데 ❷ ____________을까요/ㄹ까요?

유키: 그 시장에는 맵지 않은 음식도 많으니까 ❸ ____________을/ㄹ 거예요.

에릭: 부모님이 쇼핑도 좋아하시는데 ❹ ____________을까요/ㄹ까요?

유키: 그럼요. 그 시장에는 싸고 예쁜 물건들이 많이 있어요.

7과

쇼핑

01 이 검은색 반바지를 입어 봐도 돼요?

대화 어휘 반바지, 흰색, 갈아입다, 유행이다, 특별히

확장 어휘 보라색, 분홍색, 색깔, 양복, 운동복, 원피스, 점퍼, 조끼
청바지, 하늘색, 회색, 떠들다, 뛰다, 만지다, 목이 마르다

문법 -어도 되다
-으면 안 되다

02 가방이 얼마나 가벼운지 몰라요

대화 어휘 사이즈, 월급, 주머니, 멋있다, 빨갛다, 첫, 마음에 들다

확장 어휘 디자인, 모양, 단순하다, 맞다, 밝다, 비슷하다, 어둡다
화려하다, 그렇다, 까맣다, 노랗다, 빨갛다, 어떻다
이렇다, 저렇다, 파랗다, 하얗다

문법 ㅎ동사
얼마나 -는지 모르다

1. 이 검은색 반바지를 입어 봐도 돼요?

MP3 / 13

- 리타오 씨가 무엇을 하고 있습니까?
- 여러분은 옷가게에서 무슨 옷을 샀습니까?

점 원: 어서 오세요. 특별히 찾으시는 물건이 있어요?

리타오: 편한 반바지를 하나 사려고 해요.

점 원: 이쪽에서 보세요. 요즘에 짧은 반바지가 유행이에요.

리타오: 이 검은색 반바지와 흰색 티셔츠를 입어 봐도 돼요?

점 원: 죄송하지만 흰색 티셔츠는 입어 보시면 안 됩니다.

리타오: 알겠어요. 그런데 갈아입는 곳은 어디예요?

특별히 반바지 유행이다 흰색 갈아입다

어휘

양복

원피스

조끼

운동복

점퍼

청바지

흰색	검은색	회색	보라색	하늘색	분홍색

- 그림을 보고 보기 와 같이 쓰고 말하십시오

보기	1	2	3	4

분홍색 원피스				

보기

윤아 씨는 남자 친구와 데이트를 할 때 **분홍색 원피스**를 입었어요.

문법

1 -어도/아도/여도 되다

- 여기에 있는 음식을 먹어 봐도 돼요.
- 극장에 생수를 가지고 들어가도 됩니다.
- 엄마, 텔레비전을 켜도 돼요?
- 학생들이 수업 시간에 영어로 말해도 돼요?

가: 여기에 앉아도 됩니까?
나: 네, 앉아도 돼요.

가: 이 모자를 써 봐도 돼요?
나: 네, 써 보세요.

- 선생님과 친구들에게 말합니다. 보기 와 같이 말하십시오.

목이 마르다

보기

리타오: 선생님, 배가 아픈데 화장실에 **가도 돼요**?
선생님: 네, **가도 돼요**.

2 -으면/면 안 되다

- 교실에서 음식을 먹으면 안 됩니다.
- 건물 안에서 담배를 피우면 안 돼요.
- 극장에서 사진을 찍으면 안 됩니까?
- 술을 마시고 운전하면 안 돼요.

가: 시험을 볼 때 사전을 봐도 돼요?
나: 아니요, 사전을 보면 안 돼요.

가: 한국 사람 집에 신발을 신고 들어가도 됩니까?
나: 아니요, 신발을 신고 들어가면 안 됩니다.

- 다음 장소에서 무엇을 하면 안 됩니까? 보기 와 같이 말하십시오.

보기	도서관	그림을 만지다
1)	식당	쓰레기를 버리다
2)	미술관	떠들다
3)	버스	뛰다
4)	공원	전화를 하다
5)	영화관	커피를 들고 타다

보기

도서관에서는 **떠들면 안 됩니다**.

떠들다
뛰다
만지다

연습해 봅시다

• 보기 와 같이 말하십시오.

보기

1

2

3 B1

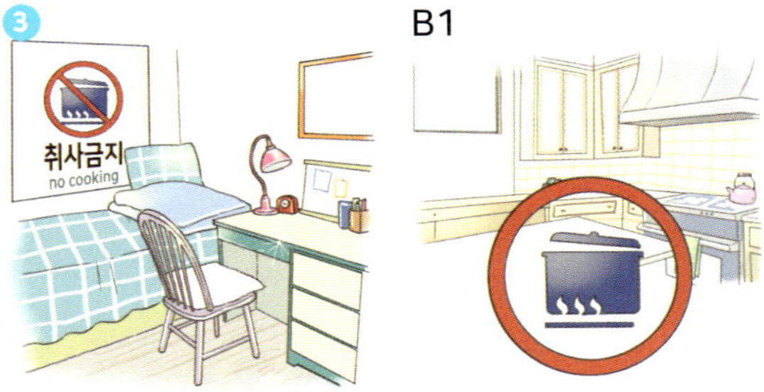

보기

가: 이 책을 카메라로 찍어도 돼요?

나: 아니요, 찍으면 안 됩니다.

가: 그럼 서점 안에서 읽어도 돼요?

나: 네, 읽어도 됩니다.

2. 가방이 얼마나 가벼운지 몰라요

- 흐엉 씨가 무엇을 가지고 있습니까?
- 여러분이 산 물건 중에서 제일 좋아하는 물건은 무엇입니까?
  왜 그 물건을 좋아합니까?ㅈw

유키: 와, 이 빨간 가방이 정말 멋있네요. 어디에서 샀어요?
흐엉: 시장에서 샀는데 사이즈가 커서 마음에 들어요.
주머니가 많아서 물건도 많이 넣을 수 있고요.
유키: 값이 좀 비쌀 것 같아요.
흐엉: 별로 비싸지 않아요. 아르바이트해서 받은 첫 월급으로 산 거예요.
유키: 가방이 무겁지는 않아요?
흐엉: 네, 이 가방이 얼마나 가벼운지 몰라요.

빨갛다 멋있다 사이즈 마음에 들다 주머니 첫 월급

디자인

화려하다 단순하다 귀엽다

색깔

밝다 어둡다

사이즈

크다 작다 맞다

모양

비슷하다 다르다

- 여러분은 어떤 디자인과 색깔을 좋아합니까? 그림을 보고 보기와 같이 쓰고 말하십시오.

보기	1	2	3	4

어두운 색깔의 원피스 화려한 디자인의 목걸이				

보기

저는 **단순한 디자인의 옷**을 좋아해요. 가방은 **밝은 색깔의 화려한 것**을 좋아해요.

1 ㅎ동사

- 매운 음식을 먹고 에릭 씨 얼굴이 빨개졌어요.
- 아이의 눈이 까매서 아주 예뻐요.
- 그런 곳에는 가지 않는 게 좋아요.
- 어제 만난 사람은 어땠어요?

가: 저 노란 원피스 좀 입어 봐도 돼요?
나: 네, 입어 보세요.

가: 바다가 파래서 참 아름답네요.
나: 네, 하늘도 너무 예뻐요.

- 친구들이 파티에 갔습니다. 보기 와 같이 말하십시오.

보기

에릭 씨가 **까만** 양복을 입고 **파란** 넥타이를 했어요.

2 얼마나 -는지/은지/ㄴ지 모르다

- 학생들이 얼마나 열심히 공부하는지 몰라요.
- 에릭 씨 여자 친구가 얼마나 예쁜지 모릅니다.
- 그 사람이 얼마나 부자인지 모릅니다.
- 음식이 맛있어서 얼마나 많이 먹었는지 몰라요.

가: 가을 하늘이 참 아름답지요?
나: 네, 하늘 색깔이 얼마나 아름다운지 몰라요.

가: 등산하기가 어땠어요?
나: 비가 와서 얼마나 힘들었는지 몰라요.

- 흐엉 씨와 베트남 친구가 반 친구들의 사진을 봅니다. 보기 와 같이 말하십시오.

보기

우리 반 친구 주앙 씨예요. 주앙 씨가 **얼마나 멋있는지 몰라요.**

연습해 봅시다

- 보기 와 같이 말하십시오.

물건	산 곳	좋은 점
보기 	명동	편하다
1 	시장	달다
2 	홍대 길	따뜻하다
3 	학교 서점	재미있다

보기

가: 그 파란 바지를 어디에서 샀어요?

나: 명동에서 샀어요.

가: 바지가 편해요?

나: 네, 얼마나 편한지 몰라요.

복습

1 알맞은 어휘를 골라 (　　　) 안에 쓰십시오.

갈아입다　　멋있다　　빨갛다　　유행이다　　첫　　마음에 들다

대학교 때 사진을 보니까 제 보기 (첫)사랑이 생각나요. 친구가 그 사람을 소개해 줬어요. 그 사람은 키가 크고 ❶ (　　　　　)어서/아서/여서 처음 봤을 때부터 저는 그 사람이 ❷ (　　　　　)었어요/았어요/였어요. 그 사람이 제 눈을 볼 때 저는 부끄러워서 얼굴이 ❸ (　　　　　)어졌어요/아졌어요/여졌어요. 그 사람과 자주 명동에 놀러 갔어요. 수업이 끝나면 기숙사에 돌아와서 예쁜 옷으로 ❹ (　　　　　)고 데이트를 하러 나갔어요. 화려한 디자인의 긴 치마를 자주 입었어요. 그때는 그런 옷이 ❺ (　　　　　)어서/아서/여서 많은 사람들이 입었어요. 그 사람은 지금은 어디에서 무엇을 할까요? 지금도 가끔 그 사람이 보고 싶네요.

2 대화를 만드십시오.

흐엉: 와, 이 보기 하얀 ~~는/은/ㄴ~~ 케이크를 어디에서 샀어요?

위에 ❶ ______________는/은/ㄴ 딸기도 많이 있고 예쁜 초콜릿도 있네요.

유키: 참 예쁘지요? 신촌에 있는 유명한 빵집에서 샀어요.

흐엉: 케이크가 맛있어요?

유키: 네, ❷ 얼마나 ______________는지/은지/ㄴ지 몰라요.

제가 제일 좋아하는 케이크예요.

흐엉: 저도 ❸ ______________어도/아도/여도 돼요?

유키: 그럼요, 친구들과 같이 먹으려고 샀어요.

어머, 흐엉 씨, 그것은 ❹ ______________으면/으면 안 돼요.

그건 먹는 게 아니에요.

8과

초대

01 반 모임을 7시쯤 시작할까 해

대화 어휘 기대, 도움, 모임, 시작하다, 초대하다, 필요하다

확장 어휘 강아지, 동아리, 동창, 동창회, 동호회, 뒤풀이
송별회, 초대장, 환영회, 회비, 들다, 모으다, 모이다

문법 -어
-을까 하다

02 세제나 휴지를 사 가지고 가

대화 어휘 부인, 분위기, 선배, 주방용품, 집들이
찻잔, 쓰다, 어울리다

확장 어휘 꽃바구니, 떡, 샤부샤부, 샐러드, 세제, 벽시계
부케, 앨범, 잡채, 향초, 휴지, 화분, 씹다, 졸다
박수를 치다, 발로 차다

문법 -어 가지고
-지 마

1. 반 모임을 7시쯤 시작할까 해

MP3 / 15

- 사람들이 무엇을 합니까?
- 무슨 일이 있을 때 사람들을 만납니까?

레오: 시험이 끝나고 우리 집에서 반 모임을 하려고 하는데 올 수 있어?

유키: 네, 갈 수 있어요. 반 친구들을 모두 초대할 거예요?

레오: 응. 음식은 아내가 잘 만드는 한국 음식하고 고향 음식을 준비하려고 해.

유키: 와, 기대가 돼요. 몇 시부터 모임을 시작할 거예요?

레오: 7시쯤 시작할까 해.

유키: 도움이 필요하면 말해 주세요. 제가 좀 일찍 가서 도와드릴 수 있어요.

모임 초대하다 기대 시작하다 도움 필요하다

어휘

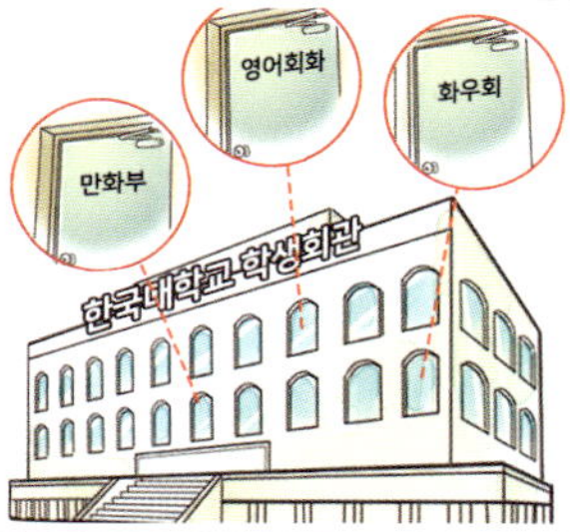

동아리

동호회

에 들다

동창회

송별회

환영회

뒤풀이

을/를 하다

동창

가족

이/가 모이다

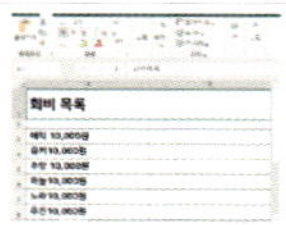

회비

돈

을/를 모으다

초대장

카드

을/를 보내다

- 여러분은 어떤 모임에 갔습니까? 관계있는 것을 연결하고 보기 와 같이 말하십시오.

보기 춤을 배우고 싶어요.	•	• 환영회를 하다
1) 동호회에 사람들이 들어왔어요.	•	• 동아리에 들다
2) 대학교 동창들을 만나고 싶어요.	•	• 송별회를 하다
3) 외국 친구가 고향에 돌아가요.	•	• 뒤풀이를 하다
4) 노래 대회가 끝났어요.	•	• 동창회에 가다

보기

저는 요즘에 유행하는 춤을 배우고 싶어서 춤 **동아리에 들었어요.**

문법

1 -어/아/여, 이야/야

- 나는 한국어 공부가 아주 재미있어.
- 배가 많이 고프면 네가 먼저 먹어.
- 너는 오늘 어디에 가?
- 내가 제일 좋아하는 운동은 야구야.

가: 지난 주말에 뭘 했어?
나: 신촌에서 친구를 만났어.

가: 오늘이 무슨 요일이야?
나: 목요일이야.

● 보기 와 같이 쓰고 말하십시오.

강아지

보기

흐엉: 이 사진에 있는 강아지는 이름이 **뭐야?**
유키: **멍멍이야.**

2 -을까/ㄹ까 하다

- 이번 방학에 책을 많이 읽을까 해요.
- 이번 주말에 나는 집에서 쉴까 해.
- 운동을 시작해 볼까 하는데 어떤 운동이 좋을까?
- 저는 내년에 부모님을 모시고 여행을 갈까 합니다.

가: 유키 씨, 점심에 뭘 먹을 거예요?
나: 시간이 없어서 저는 김밥을 먹을까 해요.

가: 너는 몇 급까지 공부할 거야?
나: 난 6급까지 공부할까 해.

- 그림을 보고 보기 와 같이 말하십시오.

보기

흐엉: 유키야, 이번 주말에 뭘 할 거야?
유키: 나는 한강공원에 **갈까 해.**

연습해 봅시다

• 보기 와 같이 말하십시오.

보기

오늘 점심

1

오늘 오후

2

이번 주말

3

이번 방학

보기

가: 오늘 점심에 뭘 먹을 거야?

나: 학생식당에서 냉면을 먹을까 해.

가: 거기 냉면 맛은 어때?

나: 아주 맛있어.

2. 세제나 휴지를 사 가지고 가

- 에릭 씨가 어디에 갔습니까?
- 여러분은 다른 사람의 집에 초대를 받아서 갈 때 무슨 선물을 가지고 갑니까?

에릭: 회사 선배 집들이에 가는데 뭘 가지고 가면 좋을까?

유키: 이사한 집에 갈 때는 보통 세제나 휴지를 사 가지고 가.

에릭: 생활용품은 집들이 선물로 많이 받지 않을까?

유키: 그럼 자주 쓰는 주방용품을 사 가지고 가. 선배 부인이 좋아하실 거야.

에릭: 예쁜 찻잔을 살까?

유키: 너무 화려한 건 사지 마. 그 집 분위기에 안 어울릴 수 있으니까.

선배　집들이　쓰다　주방용품　부인　찻잔　분위기　어울리다

• 친구 집들이에 어떤 선물을 가지고 가면 좋을까요? 보기 와 같이 쓰고 말하십시오.

보기 한 달 전에 결혼한 친구	향초	
1. 차를 좋아하는 친구		
2. 꽃을 좋아하는 친구		
3. 나무를 좋아하는 친구		
4. 집을 예쁘게 만드는 것을 좋아하는 친구		

보기

저는 한 달 전에 결혼한 친구의 집들이에 초대를 받았습니다. 집들이 선물로 향초를 가지고 가겠습니다. **향초**를 침대 옆에 놓으면 방 분위기가 좋아질 것 같습니다.

1 -어/아/여 가지고

- 당근을 썰어 가지고 프라이팬에 볶으세요.
- 한국에서는 집들이에 갈 때 손님들이 휴지를 사 가지고 가요.
- 수업에 필요한 것을 준비해 가지고 오세요.
- 저는 한국어를 열심히 공부해 가지고 한국 회사에서 일하고 싶어요.

가: 돈을 모아 가지고 뭘 했어요?
나: 저는 돈을 모아 가지고 엄마 선물을 샀어요.

가: 소풍 갈 때 무슨 음식을 가지고 가요?
나: 김밥을 만들어 가지고 갈 거예요.

- 레오 씨와 레오 씨 아내는 다른 사람의 도움을 받지 않고 결혼식을 준비했습니다. 보기 와 같이 말하십시오.

보기

1
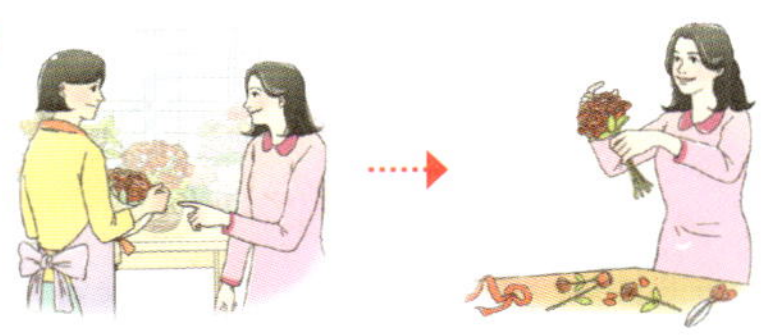

2

3

4

5
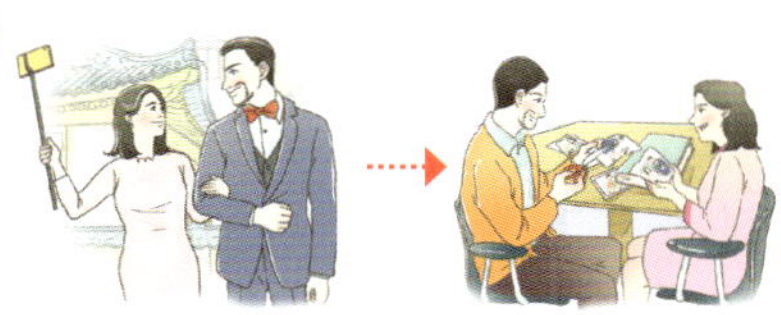

보기
레오 씨 아내가 하얀 원피스를 **만들어 가지고** 결혼식에서 입었어요.

부케
앨범

2 -지 마

- 여기에서 사진을 찍지 마.
- 늦게까지 피아노를 치지 마.
- 친구에게 그 이야기를 하지 마.
- 음식을 너무 짜게 먹지 마.

가: 이번 시험이 어려우면 어떻게 하지?
나: 너무 걱정하지 마. 다 잘 될 거야.

가: 더우니까 문을 닫지 마.
나: 알았어요.

- 엄마와 아이가 음악회에 갔습니다. 보기 와 같이 말하십시오.

박수를 치다
졸다
발로 차다
씹다

보기

지금 박수를 **치지 마**.

연습해 봅시다

● 보기 와 같이 말하십시오.

보기

1

2

3

보기

가: 차를 **빌려 가지고** 무엇을 할 거야?

나: 친구들과 부산에 여행 갈 거야

가: 길이 막히니까 자동차로 **가지 마**. 기차를 타고 가.

나: 알았어.

복습

1 알맞은 어휘를 골라 (   ) 안에 쓰십시오.

모임 시작하다 쓰다 어울리다 필요하다

우리 동아리에서 생활이 어려운 사람들을 돕는 보기 (모임을)을/를 ❶ (   )으려고/려고 합니다. 여러분 집에서 ❷ (   )지 않는 물건이 있으면 동아리로 가지고 오십시오. ❸ (   )지 않아서 입지 않는 옷도 괜찮습니다. 그런 물건들을 모아서 ❹ (   )는/은/ㄴ 분들에게 드리겠습니다.

기대 도움 분위기 선배 초대하다

우리 동아리에서 다음 주에 파티를 합니다. 보기 (선배)님들도 많이 오셔서 여러분들의 학교생활에 ❺ (   )이/가 되는 이야기를 해 주실 것입니다. 즐거운 ❻ (   )에서 많은 이야기를 했으면 좋겠습니다. 우리 동아리 회원이 아닌 친구들도 ❼ (   )을/ㄹ 수 있습니다. 맛있는 음식과 술도 준비하니까 ❽ (   )을/를 하십시오.

2 대화를 만드십시오.

-어/아/여 이야/야 -지 마 -어/아/여 가지고 -을까/ㄹ까 하다

유 키: 한국 친구 결혼식에 초대를 받았어요. 너무 기대가 돼요.

회사 언니: 와, 좋겠구나. 무슨 옷을 입고 갈 거야?

유 키: 보기 예쁜 원피스를 빌려 가지고 ❶ ______________ (입다)

요즘에는 좋은 옷을 빌려 주는 가게가 많이 있어요.

회사 언니: ❷ ______________ (좋은 생각이다) 그런데 거기에서 ❸ ______________ (하얀 옷을 빌리다)

유 키: 왜요? 하얀 원피스를 빌릴까 하는데요.

회사 언니: 신부가 하얀 드레스를 입으니까 ❹ ______________ (한국에서는 보통 손님들이 신부하고 같은 색 옷을 입지 않다)

9과

약속

01 회사 일 끝나고 바로 갈게

대화 어휘 지나다, 드디어, 무척, 바로, 벌써, 그래

확장 어휘 너희, 말, 성함, 세상, 여러분, 연세, 저희, 진지

문법 -는다, -니?

-을게요

02 회사에 급한 일이 생겨서 출장을 가게 됐어

대화 어휘 이틀, 후, 급하다, 뵙다, 섭섭하다, 생기다, 갑자기

확장 어휘 나흘, 닷새, 마흔, 사흘, 서른, 세, 쉰, 아흔, 여든

열흘, 이틀, 일흔, 예순, 하루, 세다

문법 -어라, -자

-게 되다

MP3 / 17

1. 회사 일 끝나고 바로 갈게

- 하늘 씨가 왜 전화를 합니까?
- 한국 사람의 이름을 부를 때 어떻게 부릅니까?

하늘: 선배님, 드디어 저 졸업합니다.

선배: 하늘아, 네가 벌써 졸업하니? 축하한다.

하늘: 네, 시간이 무척 빨리 지났어요. 졸업식 끝나고 동아리 모임을 하려고 하는데 어디가 좋으세요?

선배: 그럼 학교 앞 막걸리 집에서 만날까?

하늘: 네, 그거 좋지요. 7시쯤 모이려고 하는데 선배님은 괜찮으세요?

선배: 그래. 회사 일 끝나고 바로 갈게.

드디어 벌써 무척 지나다 그래 바로

어휘

• 보기 와 같이 말하십시오.

보기

안녕? **내** 이름은 에릭이야. **나**는 미국에서 왔어. 연세대학교 한국어학당에서 한국말을 공부하고 있어. **우리** 반에는 학생이 12명 있어. **우리**는 모두 열심히 공부해.

보기

안녕하십니까? **제** 이름은 에릭입니다. **저**는 미국에서 왔습니다. 연세대학교 한국어학당에서 한국말을 공부하고 있습니다. **저희** 반에는 학생이 12명이 있습니다. **저희**는 모두 열심히 공부합니다.

친구 집

친구 할머니 댁

친구 이름 　 친구 아버지 성함

친구 나이 　 친구 할머니 연세

친구 말 　 친구 아버지 말씀

- 보기 와 같이 말하십시오.

보기

저희 할머니, 할아버지 **댁**은 뉴욕에 있습니다. 할아버지 **성함**은 토마스 브라운이고 할머니 **성함**은 줄리 브라운입니다. 할아버지는 할머니보다 **연세**가 두 살 더 많으십니다. 할아버지는 **말씀**을 재미있게 잘하십니다.

1 -는다/ㄴ다/다, -니?

- 에릭 씨는 책을 많이 읽는다.
- 유키 씨 동생은 아주 귀엽다.
- 내 생일은 6월 15일이다.
- 어제 친구하고 명동에 갔다.

가: 영수야, 결혼을 축하한다.
나: 감사합니다, 선배님.

가: 너희는 요즘 어떻게 지내니?
나: 저희는 즐겁게 잘 지내고 있습니다.

• 보기 와 같이 바꿔 쓰십시오.

YONSEI EMAIL

하늘아, 보기 **서울에서 잘 지내고 있어?** 엄마와 나는 잘 지내고 있다. ❶ 공부는 힘들지 않아? 공부도 중요하지만 건강이 제일 중요하니까 ❷ 잘 먹고 운동도 열심히 해야 해. ❸ 다음 주 금요일은 엄마 생일이야. ❹ 바쁘겠지만 집에 오면 좋겠어. ❺ 엄마는 세상에서 하늘이를 제일 사랑하는 사람이 아니야? 엄마가 너를 많이 보고 싶어 한다. 나도 빨리 보고 싶구나.

아빠가

보기

서울에서 잘 지내고 **있니?**

1. ______________________________?
2. ______________________________.
3. ______________________________.
4. ______________________________.
5. ______________________________?

세상

2 -을게요/ㄹ게요

- 내가 문을 닫을게.
- 이제 술을 마시지 않을게.
- 내일은 일찍 올게요.
- 다음에는 약속을 꼭 지킬게요.

가: 집에 가면 나한테 전화해.
나: 응, 꼭 전화할게.

가: 누가 나 좀 도와줘.
나: 제가 도와드릴게요.

- 동아리에서 환영회를 준비합니다. 보기 와 같이 말하십시오.

보기

하늘: 내가 식당을 **예약할게**.

연습해 봅시다

• 문자 메시지를 보냅니다. 보기 와 같이 쓰십시오.

보내는 사람	받는 사람	하고 싶은 이야기	약속하는 것
보기 레오	하늘	"오늘 전화를 못 해서 미안합니다."	"내일 아침에 일찍 전화하겠습니다."
1) 엄마	윤아	"이번에는 다른 일이 있어서 여행을 갈 수 없었습니다."	"다음에는 꼭 같이 여행을 가겠습니다."
2) 선생님	우진	"결혼을 축하합니다."	"결혼식에 꼭 가겠습니다."
3) 선배	준호	"이사를 도와줘서 고맙습니다."	"집들이를 할 때 꼭 초대하겠습니다."

보기

하늘아, 오늘 전화를
못 해서 **미안하다**.
오늘 식당 일이
너무 바빠서 전화를
못 했다.
내일 아침에 일찍
전화할게.
-레오가-

1. ______

2. ______

3. ______

MP3 / 18

2. 회사에 급한 일이 생겨서 출장을 가게 됐어

- 선배가 왜 전화를 합니까?
- 여러분은 약속을 지키지 못하면 어떻게 합니까?

선배: 하늘아, 우리 이틀 후에 모임이 있지? 미안하지만 내가 못 갈 것 같다.

하늘: 선배님, 무슨 일이 있어요?

선배: 응, 회사에 급한 일이 생겨서 갑자기 출장을 가게 됐어.

하늘: 그렇군요. 오래간만에 선배님을 뵙고 싶었는데 못 오셔서 섭섭해요.

선배: 다음 달 모임에 갈게. 꼭 연락해라.

하늘: 네, 꼭 연락드릴게요.

이틀 후 급하다 생기다 갑자기 뵙다 섭섭하다

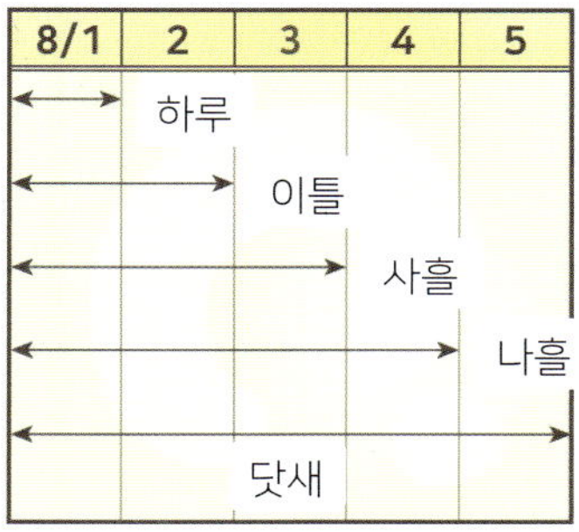

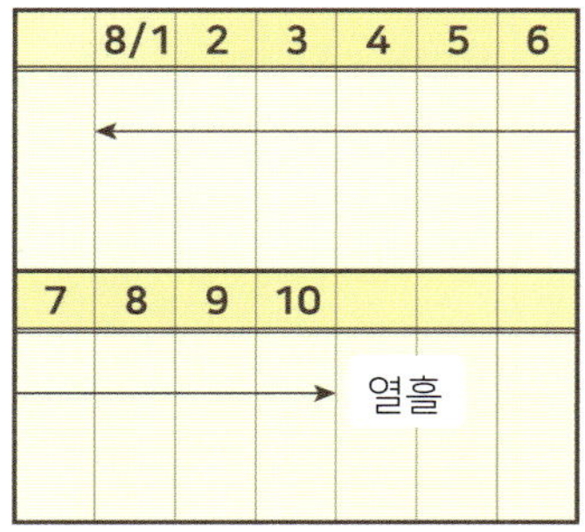

- 에릭 씨가 여행을 갑니다. 보기 와 같이 묻고 대답하십시오.

보기

유키: 에릭 씨, 부산에 며칠 있을 거예요?

에릭: **이틀** 있을 거예요.

나이를 셉니다.

10세 → **열** 살

20세 → **스무** 살 21세 → **스물 한** 살

30세 → **서른** 살 40세 → **마흔** 살 50세 → **쉰** 살 60세 → **예순** 살

70세 → **일흔** 살 80세 → **여든** 살 90세 → **아흔** 살 100세 → **백** 살

- 보기 와 같이 말하십시오.

보기

유키: 에릭 씨는 몇 살이에요?

에릭: 저는 **스물 일곱** 살이에요.

1 -어라/아라/여라, -자

- 비가 오니까 우산을 가지고 가라.
- 우리 만나서 커피 한 잔 하자.
- 하늘아, 약속 시간을 잊지 마라.
- 윤아야, 수업 시간이니까 떠들지 말자.

가: 많이 먹어라.
나: 네, 잘 먹겠습니다.

가: 여기에서 사진을 찍을까?
나: 그래, 여기에서 찍자.

- 동아리 방에서 선배가 후배들에게 말합니다. 알맞은 것을 골라 보기 와 같이 말하십시오.

쓰레기는 쓰레기통에 버리십시오

이야기할 때는 휴대전화를 보지 마십시오

내일은 동아리 모임에 일찍 오십시오

다음 주에 시험이 있으니까 같이 공부합시다

동아리 방에서는 음식을 먹지 마십시오

동아리 방이 시원하니까 에어컨을 켜지 맙시다

보기

하늘아, 내일은 동아리 모임에 일찍 **와라**.

2 -게 되다

- 에릭 씨가 일 때문에 외국에 가게 됐다.
- 급한 일이 생겨서 약속을 지키지 못하게 됐어.
- 저는 한국에 살아서 매운 음식을 잘 먹게 됐어요.
- 지금 사는 집이 학교에서 멀어서 이사를 가게 됐습니다.

가: 이번 주에 고향에 가요?
나: 네, 일이 생겨서 고향에 돌아가게 됐어요.

가: 흐엉 씨, 어떻게 한국말을 공부하게 됐어요?
나: 저는 한국 회사에 들어가고 싶어서
한국말을 배우게 됐어요.

- 레오 씨가 한국 TV 프로그램에 나왔습니다. 알맞은 것을 골라 보기와 같이 말하십시오.

	아나운서	레오
보기	한국에 오다	착하고 예쁘다
1)	부인을 만나다	한국 사람과 결혼하다
2)	부인을 좋아하다	아내가 프랑스에 유학을 오다
3)	요리를 배우다	아내가 서울에서 살고 싶어 하다
4)	한국에서 식당을 열다	부모님이 고향에서 식당을 하시다
5)	한국말을 잘하다	한국어학당에서 열심히 공부하다

보기

아나운서: 레오 씨, 어떻게 한국에 **오게 됐습니까?**
레　　오: 저는 한국 사람과 결혼해서 한국에 **오게 됐습니다**.

연습해 봅시다

• 알맞은 것을 골라 보기 와 같이 말하십시오.

보기

1

2

3

좀 쉬십시오.

다른 일을 찾아보십시오.

이사 준비를 잘 하십시오.

컴퓨터 게임을 너무 많이 하지 마십시오.

보기

가: 왜 식당 문을 닫게 됐어?

나: 손님이 없어서 식당 문을 닫게 됐어.

가: 그렇구나. 재미있는 다른 일을 찾아봐라.

나: 그래, 알았어.

복습

1 알맞은 어휘를 골라 (　　) 안에 쓰십시오.

오래간만	이틀	선배	벌써

보기 (이틀) 후에 대학교 ❶ (　　　　)을/를 만날 거예요. ❷ (　　　　)에 만나는 것이어서 기대가 됩니다. 그 선배는 5년 전에 결혼해서 ❸ (　　　　) 아이가 2명 있습니다.

갑자기	드디어	무척	바로

오래 사귄 남자 친구와 보기 (드디어) 결혼을 하게 됐어요. 내일 결혼식을 합니다. 작년에 결혼을 하려고 했는데 남자 친구한테 ❹ (　　　　) 일이 생겨서 못하게 돼서 ❺ (　　　　) 섭섭했어요. 내일 결혼식이 끝나고 ❻ (　　　　) 신혼여행을 갈 거예요. 빨리 내일이 됐으면 좋겠어요.

급하다	뵙다	생기다	지나다

어렸을 때 가르쳐 주신 선생님을 보기 (뵙)고 싶어서 이번 주에 친구들과 같이 학교에 가려고 했다. 그런데 ❼ (　　　　)은/ㄴ 일이 ❽ (　　　　)어서/아서/여서 가지 못하게 됐다. 이번 주가 ❾ (　　　　)고 다시 약속을 해야겠다.

2 대화를 만드십시오.

-는다/ㄴ다/다　　-니?　　-어라/아라/여라
-자　　-을게/ㄹ게　　-게 되다

선배: 어떻게 보기 미국에 공부를 하러 가게 됐니?
(미국에 공부를 하러 가게 되다)

하늘: ❶ ______________________
(미국 대학원에 들어가고 싶어서 가다)

선배: 언제 가니?

하늘: 다음 달에 갑니다.

선배: 미국에 가서 ❷ ______________________
(열심히 공부하다)

하늘: 네, 열심히 공부할게요.
그리고 시간이 있을 때 자주 연락드리겠습니다.

선배: ❸ ______________________
(나도 자주 연락하다)

미국에 가기 전에 ❹ ______________________
(우리 같이 밥 한번 먹다)

하늘: 네, 전 언제든지 좋습니다.

10과

부탁

01 지난주에 배운 것 좀 설명해 주실래요?

대화 어휘 부탁, 결석하다, 들어주다, 빌려주다, 설명하다

확장 어휘 놓다, 늘다, 당기다, 밀다, 벗다, 잡다, 접다
줄다, 펴다

문법 -을래요?
-었다가[1]

02 저, 실례합니다만 김 선생님 계십니까?

대화 어휘 서류, 전하다, 퇴근하다, 이미, 저

확장 어휘 부장, 아, 어, 음, 자, 저기

문법 -습니다만
-는지 알다

1. 지난주에 배운 것 좀 설명해 주실래요?

MP3 / 19

- 주앙 씨가 올리비아 씨에게 무슨 말을 하는 것 같습니까?
- 친구가 여러분에게 도움을 준 적이 있습니까? 어떤 도움을 줬습니까?

주　　앙: 올리비아 씨, 부탁이 있는데 좀 들어줄 수 있어요?

올리비아: 네, 말씀해 보세요. 무슨 부탁이에요?

주　　앙: 지난주에 배운 것 좀 설명해 주실래요? 며칠 결석해서 혼자 공부하기가 어렵네요.

올리비아: 아, 부산 할머니 댁에 갔다가 왔지요? 제가 가르쳐 줄게요.

주　　앙: 고마워요. 미안하지만 공책도 빌려주실 수 있어요? 빨리 보고 드릴게요.

올리비아: 네, 천천히 주셔도 돼요.

부탁　들어주다　설명하다　결석하다　빌려주다

어휘

돌아가다

돌아오다

잡다
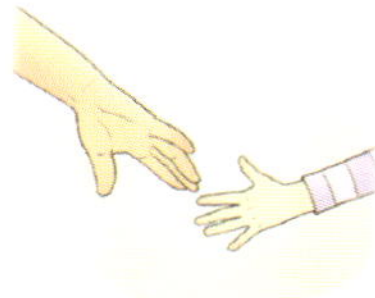
놓다
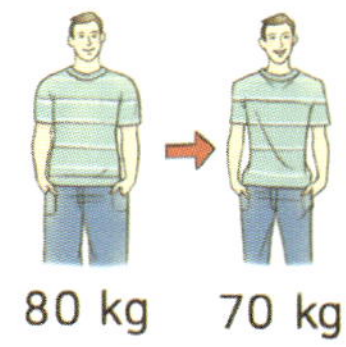

줄다
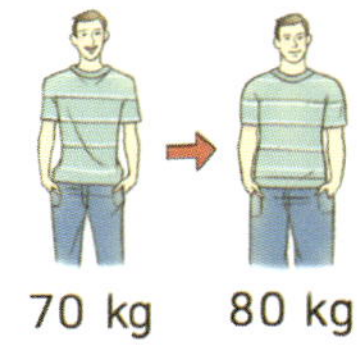

늘다

펴다

접다

당기다

밀다

잃어버리다

찾다

- (   ) 안에 알맞은 어휘를 쓰십시오.

보기 놀이공원에 사람이 많으니까 아이의 손을 꼭 (잡으세요)~~으세요/세요~~.

1) 문을 (   )지 마세요. 앞으로 당겨야 합니다.

2) 공부를 하려고 책을 (   )었어요/았어요/였어요.

3) 비가 오지 않아서 우산을 (   )었어요/았어요/였어요.

4) 저희 식당이 텔레비전에 나와서 손님이 많이 (   )었어요/았어요/였어요.

- 보기 와 같이 말하십시오.

보기 한국에서 물건을 잃어버렸는데 다시 찾은 적이 있어요?

1) 교실에 있는 문/창문을 어떻게 열어요?

2) 한국에 와서 무엇이 줄었어요/늘었어요?

보기

저는 학교에서 휴대 전화를 **잃어버렸는데 찾은** 적이 있어요. 화장실에 휴대 전화를 놓고 그냥 교실에 갔어요. 수업이 끝나고 학교 사무실에 갔는데 제 휴대 전화가 있었어요. 다시 찾아서 너무 기뻤어요.

문법

1 -을래요/ㄹ래요?

- 뭘 먹을래요?
- 이 노래 한번 들어 볼래?
- 숙제가 어려운데 좀 도와줄래?
- 방학 때 같이 한국 요리를 배울래요?

가: 무슨 차를 마실래요?
나: 전 녹차를 마실게요.

가: 지금 도서관에 가는데 같이 갈래?
나: 그래, 좋아. 같이 가자.

- 에릭 씨가 수진 씨와 데이트를 합니다. 보기 와 같이 말하십시오.

보기

에릭: 수진 씨, 뭘 **먹을래요?**
수진: 전 비빔밥을 먹을게요.

2 -었다가/았다가/였다가[1]

- 창문을 열었다가 바람이 많이 불어서 닫았다.
- 컴퓨터를 껐다가 이메일을 보려고 다시 켰어.
- 언니가 옷을 샀다가 사이즈가 작아서 바꿨어요.
- 식당을 예약했다가 취소했습니다.

가: 주말에 어디에 갔다가 왔어요?
나: 강릉에 갔다가 왔어요.

가: 지갑을 찾았어요?
나: 네, 잃어버렸다가 교실에서 찾았어요.

- 친구들이 교실에서 무엇을 합니까? 보기 와 같이 말하십시오.

보기

1

2

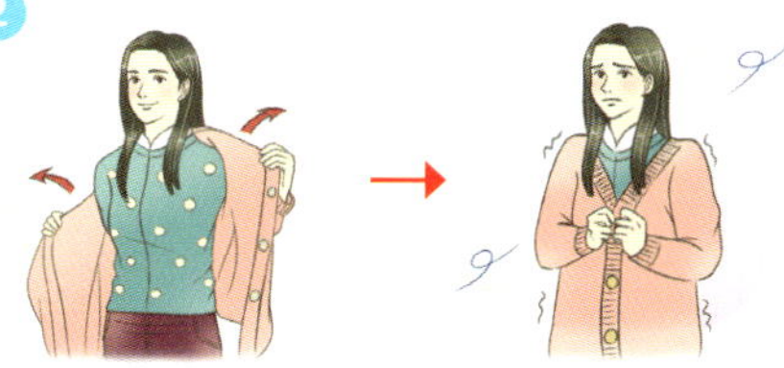

3

4

5

보기

에릭 씨가 의자에 **앉았다가** 물이 있어서 일어났어요.

벗다

연습해 봅시다

● 보기 와 같이 말하십시오.

지난 주말

1

오늘 오후

2

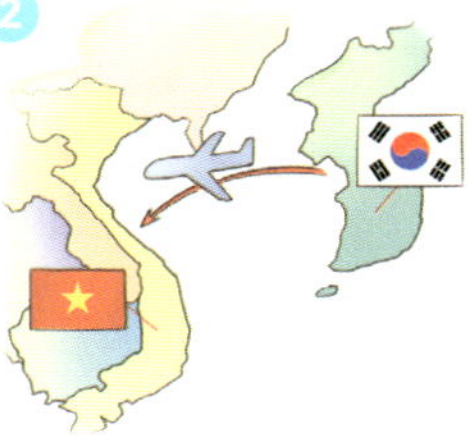

방학

3

방금

보기

가: 지난 주말에 뭘 했어요?

나: 설악산에 **갔다가 왔어요**.

가: 왜 설악산에 갔어요?

나: 사진을 찍으려고 갔어요. 제가 찍은 사진을 **볼래요**?

2. 저, 실례합니다만 김 선생님 계십니까?

- 레오 씨가 왜 사무실에 간 것 같습니까?
- 잘 모르는 사람에게 부탁할 때 어떻게 말합니까?

레오: 저, 실례합니다만 김 선생님 계십니까?
직원: 지금 사무실에 안 계십니다. 무슨 일이십니까?
레오: 김 선생님을 뵙고 싶어서 왔는데 언제 오시는지 아세요?
직원: 김 선생님은 이미 퇴근하셨습니다. 내일 다시 오셔야 할 것 같습니다.
레오: 그럼 죄송합니다만 김 선생님께 이 서류 좀 전해 주시겠습니까?
직원: 알겠습니다. 꼭 전해 드리겠습니다.

저 이미 퇴근하다 서류 전하다

어휘

• 보기 와 같이 말하십시오.

1 

2 

3 

4 

보기

아, 바다가 너무 아름다워요.

1 -습니다만/ㅂ니다만

- 음악을 좋아합니다만 음악회에는 자주 못 갑니다.
- 죄송합니다만 잠깐 기다려 주십시오.
- 저는 한국 사람입니다만 한국말을 잘하지 못합니다.
- 한국 생활에 많이 익숙해졌습니다만 아직 힘들 때가 있습니다.

가: 실례합니다만 길 좀 물어봐도 될까요?
나: 네, 어디에 가시는데요?

가: 내일 저희 집 집들이에 오시겠습니까?
나: 가고 싶습니다만 약속이 있어서 가기 어려울 것 같습니다.

- 알맞은 것을 골라 보기 와 같이 말하십시오.

미안합니다 　 죄송합니다 　 가고 싶습니다

저도 마시고 싶습니다 　 도와드리고 싶습니다 　 초대해 주셔서 감사합니다

보기

사장: 에릭 씨, 우리 집에서 내일 파티를 하는데 올 수 있어요?
에릭: 초대해 주셔서 **감사합니다만** 회사일이 바빠서 갈 수 없을 것 같습니다.

부장

2 -는지/은지/ㄴ지 알다(모르다)

- 강남역에 어떻게 가는지 아세요?
- 오늘 학교에 왜 사람이 많은지 알아요?
- 저 사람이 누구인지 알아요. 에릭 씨 친구예요.
- 두 사람이 어디에서 만났는지 몰라요.

가: 회의가 몇 시에 끝나는지 아세요?
나: 네, 알아요. 네 시쯤 끝날 거예요.

가: 유키 씨 생일이 언제인지 알아요?
나: 글쎄요, 잘 모르겠어요.

- 흐엉 씨는 드라마 "첫사랑"을 보고 싶습니다. 보기 와 같이 말하십시오.

보기

흐엉: 드라마 '첫사랑'을 무슨 요일에 **하는지 알아요**?

친구: 네, 알아요. 금요일하고 토요일에 해요.

연습해 봅시다

• 알맞은 것을 골라 보기 와 같이 말하십시오.

보기

1

2

3

미안합니다 실례합니다 죄송합니다

보기

가: **실례합니다만** 명동에 어떻게 **가는지 아세요?**

나: 네. 지하철 4호선을 타세요.

가: 지하철역은 어디에 **있는지 아세요?**

나: 저쪽에 있어요.

복습

1 알맞은 어휘를 골라 (　　) 안에 쓰십시오.

부탁　서류　들어주다　설명하다　전하다　퇴근하다　저

보기 (저), 실례합니다만 사장님 계신가요?

비서: 지금 사장님은 안 계십니다.
　오늘은 일찍 ❶ (　　　　　　)었습니다/았습니다/였습니다.

손님: 그렇습니까? 그럼 이것 좀 사장님께 ❷ (　　　　　　)어/아/여 주시겠습니까?

비서: 무슨 ❸ (　　　　　　)이지요?

손님: 김 사장님과 제가 같이 하면 좋을 일을 ❹ (　　　　　　)은/ㄴ 것입니다.
　꼭 좀 전해 주십시오. ❺ (　　　　　　) 드리겠습니다.

비서: 죄송합니다만 부탁을 ❻ (　　　　　　)기가 어렵겠습니다.
　내일 오후에 다시 오시는 게 좋겠습니다.

2 대화를 만드십시오.

부장: 지난 주말에 남산에 보기 갔다가~~었다가/았다가/였다가~~ 왔어요.
　오랜만에 산에 갔는데 공기도 맑고 아주 좋았어요. 다음 주에 또 갈까 하는데
　우진 씨도 같이 ❶ ______ 을래요/ㄹ래요?

우진: ❷ ______ 습니다만/ㅂ니다만 저는 다음 주에 바쁜 일이 있어서
　좀 힘들 것 같습니다.

부장: 음, 같이 가면 좋을 텐데…. 그럼 ❸ ______ 는지/은지/ㄴ지 알아요?

우진: 네, 에릭 씨가 다음 주에 한가할 겁니다.

부장: 그래요? 그럼 에릭 씨에게 말해 봐야겠군요.

우진: 네, 에릭 씨는 등산을 좋아하니까 아마 같이 갈 수 있을 겁니다.

부장: 그럼 지금 같이 점심을 먹으러 갈래요?

우진: 죄송합니다만 저는 벌써 식당에 ❹ ______ 었다가/았다가/였다가
　왔습니다.

부록

연습 문제
모범 답안(교재)
연습 문제 답안
색인(어휘·문법)

연습 문제

<1> 고향에 가서 즐겁게 지냈어요

어휘

1. 알맞은 어휘를 골라 ( ) 안에 쓰십시오.

오랜만이다 익숙하다 즐겁다 지내다 점점

1) 제 친구는 미국에서 잘 ( )고 있어요.
2) 봄이 되어서 날씨가 ( ) 따뜻해졌어요.
3) 친구들과 같이 공원에 가서 ( )게 놀았어요.
4) 유키 씨, ( )이에요/예요. 어떻게 지냈어요?
5) 처음에는 학교 생활이 힘들었는데 이제 많이 ( )어졌어요/아졌어요/여졌어요.

문법1

-게1

1. 한 문장으로 만드십시오.

보기 큽니다 / 이야기하십시오. → 크게 이야기하십시오.

1) 한가합니다 / 지냅니다. → ____________.
2) 맛있습니다 / 드십시오. → ____________.
3) 즐겁습니다 / 춤을 춥니다. → ____________.
4) 재미있습니다 / 놀았습니다. → ____________.
5) 따뜻합니다 / 옷을 입습니다. → ____________.

2. 그림을 보고 대화를 만드십시오.

보기

가: 요즘 어떻게 지내요?

나: 좀 바쁘게 지내요.

①

가: 방을 청소했어요?

나: 네, ____________.

②

가: 머리를 잘랐어요?

나: 네, ________________.

③

가: 오늘 일찍 일어났어요?

나: 아니요, ________________.

④

가: 공책에 이름을 썼어요?

나: 네, ________________.

⑤

가: 한국에서 어떻게 지내요?

나: ________________.

문법2 -어지다/아지다/여지다

1. 관계있는 것을 연결하고 문장을 쓰십시오.

보기 에어컨을 켭니다. •	• 한가합니다.
1) 열심히 공부합니다. •	• 눈이 나쁩니다.
2) 운동을 많이 합니다. •	• 방이 시원합니다.
3) 방학이 됩니다. •	• 한국말이 쉽습니다.
4) 한국말을 잘합니다. •	• 건강이 좋습니다.
5) 컴퓨터 게임을 많이 합니다. •	• 한국 생활이 재미있습니다.

보기 에어컨을 켜면 방이 시원해집니다.

1) ________________.

2) ________________.

3) ________________.

4) ________________.

5) ________________.

2. 그림을 보고 대화를 만드십시오.

보기

가: 회사 일이 어떻습니까?

나: 일이 재미있어졌어요.

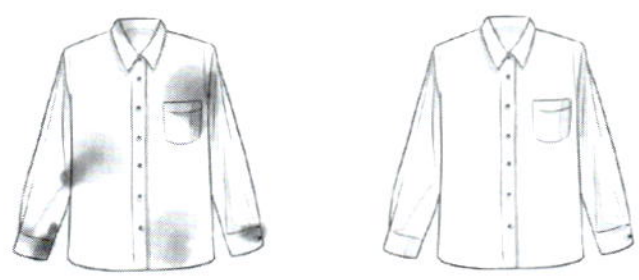

1

가: 옷이 깨끗해요?

나: 네, ______________________.

2

가: 교실이 조용해요?

나: 아니요, ______________________.

3

가: 방이 시원해요?

나: 아니요, ______________________.

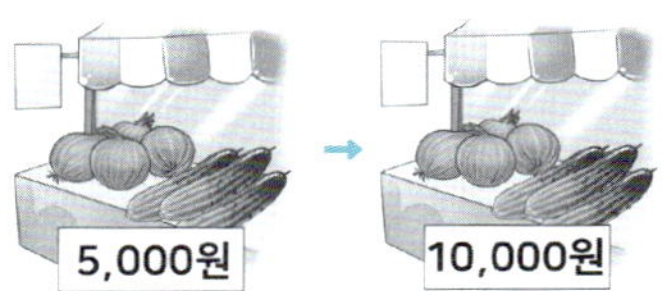

4

가: 채소 값이 어때요?

나: ______________________.

5

가: 가방이 어디에 있어요?

나: ______________________.

1과 <2> 한국말을 배운 지 세 달 됐어요

어휘

1. 알맞은 어휘를 골라 (　　) 안에 쓰십시오.

대학원　　신문방송학　　전공하다　　졸업하다　　열심히

1) 저는 한국말을 (　　　　　　) 공부해서 한국 대학교에 가고 싶어요.

2) 동생은 방송국에서 일하고 싶어서 (　　　　　　)을/를 공부하고 있어요.

3) 우리 언니는 대학교에서 경영학을 (　　　　　　)었어요/았어요/였어요.

4) 에릭 씨는 대학교를 (　　　　　　)고 한국 회사에서 일하려고 한국에 왔어요.

5) 형은 대학교에서 경제학을 공부했어요. 더 공부하고 싶어서 (　　　　　　)에 갔어요.

문법 1 -은/ㄴ 지

1. 문장을 바꿔 쓰십시오.

보기 한국에 옵니다 / 삼 년 됐어요. → 한국에 온 지 삼 년 됐어요.

1) 친구를 만났습니다 / 일 년 됐어요. → ______________________.

2) 태권도를 배웁니다 / 한 달 됐어요. → ______________________.

3) 아르바이트를 합니다 / 일주일 됐어요. → ______________________.

4) 이 집에서 삽니다 / 육 개월 됐어요. → ______________________.

5) 고향 음식을 먹습니다 / 두 달 됐어요. → ______________________.

2. 그림을 보고 대화를 만드십시오.

보기

가: 언제부터 그 회사에 다녔어요?

나: 회사에 다닌 지 일 년 됐어요.

❶

가: 언제 동생에게 전화를 했어요?

나: ______________________.

❷

가: 언제 그 친구를 만났어요?

나: ______________________.

❸

가: 그 차를 언제 샀어요 ?

나: ______________________.

❹

가: 언제 수영을 배웠어요?

나: ______________________.

❺

가: 언제부터 기숙사에 살았어요?

나: ______________________.

문법2 -으려고/려고

1. 관계있는 것을 연결하고 문장을 쓰십시오.

보기 대학교에 갑니다. •	• 선물을 샀습니다.
1) 친구에게 줍니다. •	• 아르바이트를 합니다.
2) 좋은 컴퓨터를 삽니다. •	• 커피숍에 갑니다.
3) 맛있는 커피를 마십니다. •	• 한국말을 배웁니다.
4) 저는 숙제를 합니다. •	• 김밥을 샀습니다.
5) 점심에 먹습니다. •	• 도서관에 갑니다.

보기 대학교에 가려고 한국말을 배웁니다.

1) ______________________.

2) ______________________.

3) ______________________.

4) ______________________.

5) ______________________.

2. 그림을 보고 대화를 만드십시오.

보기

가: 왜 공원에 갑니까?

나: 산책을 하려고 공원에 갑니다.

❶

가: 왜 꽃을 삽니까?

나: ______________________________.

❷

가: 왜 케이크를 만듭니까?

나: ______________________________.

❸

가: 왜 차를 빌려요?

나: ______________________________.

❹

가: 왜 운동화를 신었어요?

나: ______________________________.

❺

가: 왜 컴퓨터를 켰어요?

나: ______________________________.

2과 <1> 친구가 정말 잘생겼네요

어휘 1. **알맞은 어휘를 골라 (　　) 안에 쓰십시오.**

성격　　연예인　　도와주다　　잘생기다　　착하다

1) 유키 씨는 (　　　　　　　)이/가 밝아서 친구가 많아요.
2) 이 사진에 있는 (　　　　　　　)는/은/ㄴ 남자는 누구예요?
3) 주앙 씨, 저 좀 (　　　　　　　)으세요/세요. 일이 너무 많아요.
4) 요즘 (　　　　　　　)을/를 보려고 방송국에 가는 학생들이 있어요.
5) 내 친구는 (　　　　　　　)어서/아서/여서 다른 사람을 많이 도와줘요.

문법1 -네요

1. **문장을 바꿔 쓰십시오.**

보기 옷이 예쁩니다. → 옷이 예쁘네요.

1) 경치가 아름답습니다. → ________________.
2) 영화가 재미있습니다. → ________________.
3) 아이가 춤을 잘 춥니다. → ________________.
4) 이 김치찌개가 좀 짭니다. → ________________.
5) 친구가 매운 음식을 잘 먹습니다. → ________________.

2. **그림을 보고 대화를 만드십시오.**

보기

가: 음식 맛이 어때요 ?

나: 정말 맛있네요.

①

가: 떡볶이가 매워요?

나: 네, ________________.

❷

가: 저 옷이 예쁘지요?

나: 네, ______________________________.

❸

가: 이 아이가 제 동생이에요.

나: 그래요? ______________________________.

❹

가: 그 책이 어때요?

나: ______________________________.

❺

가: 학교까지 세 시간 걸려요.

나: 그래요? ______________________________.

문법2 -겠다[2]

1. 문장을 바꿔 쓰십시오.

보기 일을 많이 해서 피곤합니다.	→ 일을 많이 해서 피곤하겠어요.

1) 아르바이트를 해서 바쁩니다. → ______________________________.

2) 점심시간이어서 식당이 복잡합니다. → ______________________________.

3) 아침을 안 먹어서 배가 고픕니다. → ______________________________.

4) 선물을 많이 받아서 기분이 좋습니다. → ______________________________.

5) 영화가 재미있어서 극장에 사람이 많습니다. → ______________________________.

2. 그림을 보고 대화를 만드십시오.

보기

가: 오늘 바빠서 점심을 못 먹었어요.

나: 배가 고프겠어요.

1

가: 저는 태권도를 배운 지 오 년 됐어요.

나: ______________________.

2

가: 제 친구는 미국에서 오래 살았어요.

나: ______________________.

3

가: 그 식당의 음식이 맛있어요.

나: ______________________.

4

가: 저는 어제 잠을 잘 못 잤어요.

나: ______________________.

5

가: 이건 제가 만든 불고기예요.

나: ______________________.

2과 <2> 우리 언니의 딸이에요

어휘

1. 알맞은 어휘를 골라 (　　) 안에 쓰십시오.

공무원　　시청　　이모　　조카　　친척

1) (　　　　　　)에 가려면 지하철을 타세요.
2) 할아버지의 생신에 (　　　　　　)들이 많이 왔어요.
3) 대사관이나 시청에서 일하는 사람들은 (　　　　　　)입니다.
4) 이 분은 제 (　　　　　　)이에요/예요. 우리 어머니의 언니예요.
5) 이 사진에 있는 아이는 제 (　　　　　　)이에요/예요. 우리 오빠의 아들이에요.

문법1 -을/ㄹ 때

1. 관계있는 것을 연결하고 문장을 쓰십시오.

보기 저는 제주도에 갑니다. •	• 예쁘게 웃으세요.
1) 사진을 찍습니다. •	• 커피를 마셔요.
2) 배가 아픕니다. •	• 이 약을 드십시오.
3) 시간이 있습니다. •	• 비행기로 갔어요.
4) 저는 피곤합니다. •	• 우리 집에 오세요.
5) 제가 일본에 갔습니다. •	• 이 가방을 샀어요.

보기 저는 제주도에 갈 때 비행기로 갔어요.

1) ______________________________.
2) ______________________________.
3) ______________________________.
4) ______________________________.
5) ______________________________.

2. 그림을 보고 대화를 만드십시오.

보기

가: 언제 이 신발을 신어요?

나: 등산을 할 때 신어요.

❶

가: 언제 이 옷을 입어요?

나: ______________________________.

한가하다

❷

가: 제가 언제 전화할까요?

나: ______________________________.

❸

가: 언제 이 약을 먹어요 ?

나: ______________________________.

❹

가: 언제 어머니가 보고 싶어요?

나: ______________________________.

❺

가: 할머니 댁에 무엇을 가지고 가요?

나: ______________________________.

문법2 의

1. 문장을 바꿔 쓰십시오.

보기 우리 언니 /가방입니다. → 우리 언니의 가방입니다.

1) 우리 아버지 / 시계입니다. → ______________________.

2) 친구 / 목소리가 좋습니다. → ______________________.

3) 제 고향 / 바다가 아름답습니다. → ______________________.

4) 그 식당 / 음식이 맛있습니다. → ______________________.

5) 기숙사 / 3층에 제 방이 있습니다. → ______________________.

2. 그림을 보고 대화를 만드십시오.

보기

가: 이것은 누구의 책입니까?

나: 제 친구의 책입니다.

❶

가: 이것은 어머니의 구두입니까?

나: 네, ______________________.

❷

가: 유키 씨, 이거 어제 산 옷이에요?

나: 아니요, ______________________.

❸

가: 이 숙제 공책은 누구의 것입니까?

나: ______________________.

❹

가: 존 씨, 누구의 노래를 좋아합니까?

나: ______________________.

❺

가: 식당이 어디에 있습니까?

나: ______________________.

<1> 제주도에 가 봤어요?

어휘

1. **알맞은 어휘를 골라 (　　) 안에 쓰십시오.**

구경거리　　남해　　섬　　다녀오다　　푸르다

1) 제 고향은 (　　　　　　)이어서/여서 배를 타고 가야 돼요.
2) 가을에는 (　　　　　　)는/은/ㄴ 하늘이 아주 아름다워요.
3) 시장에 가면 재미있는 (　　　　　　)이/가 많아서 자주 가요.
4) 저는 지난 방학에 1년 만에 고향에 (　　　　　　)었어요/았어요/였어요.
5) 제주도는 한국의 (　　　　　　)에 있고 인천 공항은 서해 근처에 있어요.

문법1 만에

1. **문장을 바꿔 쓰십시오.**

보기 일 년 / 어머니를 만났어요. → 일 년 만에 어머니를 만났어요.

1) 한 달 / 친구에게 전화를 했어요. → ________________.
2) 일주일 / 도서관에 갔어요. → ________________.
3) 오 년 / 대학교를 졸업했어요. → ________________.
4) 삼 년 / 회사를 그만두었어요. → ________________.
5) 육 개월 / 고향 음식을 먹었어요. → ________________.

2. 그림을 보고 보기와 같이 대화를 만드십시오.

일	월	화	수	목	금	토
27	28	29	30 고향 친구 만나기	1	2	3
4	5	6	7	8	9	10 등산
11	12	13	14 쇼핑	15 영화 보기	16	17
18	19	20 운동	21 어머니께 전화하기	22	23	24
25	26 ① 어머니께 전화하기	27 ② 운동	28 보기 쇼핑	29 ③ 영화 보기	30 ④ 고향 친구 만나기	31 ⑤ 등산

보기

가: 얼마 만에 쇼핑을 했어요 ?

나: 이 주일 만에 쇼핑을 했어요.

①

가: 얼마 만에 어머니께 전화를 했어요?

나: ______________________.

②

가: 얼마 만에 운동을 했어요?

나: ______________________.

③

가: 얼마 만에 영화를 봤어요?

나: ______________________.

④

가: 얼마 만에 고향 친구를 만났어요?

나: ______________________.

⑤

가: 얼마 만에 등산을 갔어요?

나: ______________________.

문법2 -어/아/여 보다[1]

1. 문장을 바꿔 쓰십시오.

보기 저는 자장면을 먹습니다. → 저는 자장면을 먹어 봤습니다.

1) 저는 박물관에 갑니다. → ______________________.
2) 저는 기숙사에서 삽니다. → ______________________.
3) 제 동생은 그 노래를 듣습니다. → ______________________.
4) 리타오 씨, 그 책을 읽습니까? → ______________________?
5) 유키 씨, 떡볶이를 만듭니까? → ______________________?

2. 보기 와 같이 대화를 만드십시오.

보기 가: 주앙 씨, 프랑스에 가 봤어요?
나: 네, 프랑스에 가 봤어요.

1) 가: 그 잡지를 읽어 봤어요?
나: 네, ______________________.

2) 가: 매운 닭갈비를 먹어 봤어요?
나: 아니요, ______________________.

3) 가: 그 가수의 노래를 들어 봤어요?
나: 아니요, ______________________.

4) 가: 한국에 와서 어디에 가 보셨어요?
나: ______________________.

5) 가: ______________________?
나: 아니요, 한국 차를 마셔 보지 못했어요.

3과 <2> 관광지이기 때문에 언제나 사람이 많아요

어휘

1. 알맞은 어휘를 골라 (　　) 안에 쓰십시오.

관광지　　그립다　　오래되다　　유명하다　　별로

1) 제주도는 (　　　　　　)이어서/여서 사람이 많습니다.
2) 오늘은 날씨가 (　　　　　　) 덥지 않으니까 산책을 합시다.
3) 한국 음식 중에서 김치가 아주 (　　　　　　)습니다/ㅂ니다.
4) 저는 가족을 만난 지 3년 돼서 가족이 (　　　　　　)어요/ 아요/여요.
5) 그 회사에서 일한 지 (　　　　　　)어서/아서/여서 이젠 일에 익숙해졌어요.

문법1 -기 때문에

1. 관계있는 것을 연결하고 문장을 쓰십시오.

보기 저는 아르바이트를 합니다. •	• 자주 먹습니다.
1) 오늘은 일요일입니다. •	• 좀 바쁩니다.
2) 그 옷이 너무 비쌉니다. •	• 친구를 만날 수 없습니다.
3) 오늘은 할 일이 많습니다. •	• 사지 않았습니다.
4) 저는 비빔밥을 좋아합니다. •	• 회사에 가지 않습니다.
5) 오늘은 날씨가 춥습니다. •	• 두꺼운 옷을 입었습니다.

보기 저는 아르바이트를 하기 때문에 좀 바쁩니다.

1) ______________________________.
2) ______________________________.
3) ______________________________.
4) ______________________________.
5) ______________________________.

2. 그림을 보고 보기 와 같이 대화를 만드십시오.

보기

가: 왜 택시를 타요?

나: 시간이 없기 때문에 택시를 타요.

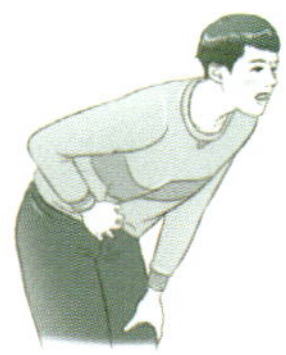

1

가: 왜 병원에 갔어요?

나: ______________________.

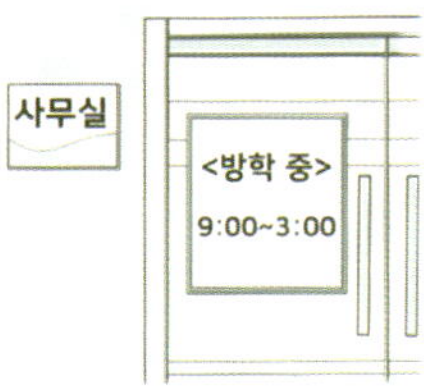

2

가: 왜 사무실 문을 일찍 닫았습니까?

나: ______________________.

3

가: 왜 그 식당에 자주 가세요 ?

나: ______________________.

4

가: 왜 파티에 못 가요 ?

나: ______________________.

5

가: 왜 이렇게 교통이 복잡해요?

나: ______________________.

문법2 -는데/은데/ㄴ데²

1. 문장을 바꿔 쓰십시오.

보기 바나나는 쌉니다 / 사과는 비쌉니다. → 바나나는 싼데 사과는 비쌉니다.

1) 저는 오늘은 바쁩니다 / 내일은 한가합니다. → ______________________.
2) 이 가방은 아주 무겁습니다 / 저 가방은 가볍습니다. → ______________________.
3) 언니는 매운 음식을 잘 먹습니다 / 동생은 잘 못 먹습니다. → ______________________.
4) 저는 비빔밥을 좋아합니다 / 형은 닭갈비를 좋아합니다. → ______________________.
5) 제 친구는 제주도에 가 봤습니다 / 저는 가 보지 못했습니다. → ______________________.

2. 그림을 보고 보기 와 같이 대화를 만드십시오.

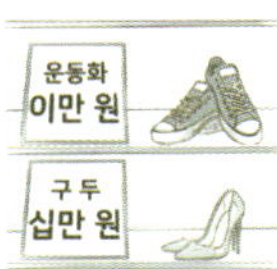

보기

가: 신발 값이 어때요 ?

나: 구두는 비싼데 운동화는 싸요.

①

가: 학교 근처에 있는 식당이 어때요?

나: ______________________.

②

가: 유키 씨의 오빠는 운동을 잘 해요?

나: ______________________.

③

가: 드라마가 재미있어요?

나: ______________________.

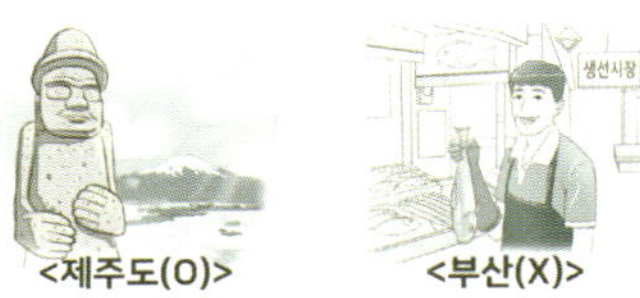

④

가: 한국에서 어디에 가 봤어요?

나: ______________________.

⑤

가: 한국 음식이 모두 매워요?

나: ______________________.

4과 <1> 방이 컸으면 좋겠어요

어휘

1. 알맞은 어휘를 골라 (   ) 안에 쓰십시오.

동네 룸메이트 알아보다 이사하다 불편하다

1) 저는 기숙사에서 (   )과/와 같이 살아요.
2) 우리 집이 학교에서 멀어서 (   )고 싶어요.
3) 우리 교실은 5층인데 엘리베이터가 없어서 좀 (   )어요/아요/여요.
4) 제가 사는 (   )에는 편의점도 있고 지하철역도 가까워서 살기가 좋아요.
5) 저는 여행을 가려고 인터넷에서 기차 시간을 (   )었어요/았어요/였어요.

문법1

-었으면/았으면/였으면 좋겠다

1. 문장을 바꿔 쓰십시오.

보기 저는 인도에 여행을 갑니다. → 저는 인도에 여행을 갔으면 좋겠습니다.

1) 저는 키가 더 큽니다. → ______________________.
2) 저는 그림을 잘 그립니다. → ______________________.
3) 동생이 한국에 여행을 옵니다. → ______________________.
4) 아픈 친구가 빨리 건강해집니다. → ______________________.
5) 제가 좋아하는 가수와 사진을 찍습니다. → ______________________.

2. 그림을 보고 보기 와 같이 대화를 만드십시오.

보기

가: 방학에 뭘 하고 싶어요?

나: 아르바이트를 했으면 좋겠어요.

❶

가: 숙제가 너무 많아요?

나: 네, ____________________.

❷

가: 언니가 결혼해요?

나: 네, ____________________.

❸

가: 누구를 제일 만나고 싶어요?

나: ____________________.

❹

가: 졸업하고 무슨 일을 하고 싶어요?

나: ____________________.

❺

가: 돈이 있으면 뭘 사고 싶어요?

나: ____________________.

문법2 -어야겠다/아야겠다/여야겠다[1]

1. 관계있는 것을 연결하고 문장을 쓰십시오.

보기 저는 건강이 나빠졌습니다.	도서관에서 빌립니다.
1) 방이 더럽습니다.	시장에 갑니다.
2) 집에 그 책이 없습니다.	청소를 합니다.
3) 어머니께서 바쁘십니다.	운동을 합니다.
4) 날씨가 추워졌습니다.	제가 도와드립니다.
5) 냉장고에 먹을 것이 없습니다.	따뜻한 옷을 삽니다.

보기 저는 건강이 나빠져서 운동을 해야겠어요.

1) ________________.

2) ________________.

3) ________________.

4) ________________.

5) ________________.

2. 보기 와 같이 대화를 만드십시오.

보기 **가:** 다음 주에 시험이 있어요?
나: 네, 오늘부터 도서관에 가서 공부해야겠어요.

1) **가:** 내일이 친구 생일이에요?
나: 네, ________________.

2) **가:** 그 영화가 아주 재미있어요.
나: 그래요? ________________.

3) **가:** 눈이 와서 교통이 복잡해요.
나: ________________.

4) **가:** 파티에 오는 친구들이 매운 음식을 못 먹어요.
나: 그럼 ________________.

5) **가:** 지금 사는 집이 회사에서 멀지요?
나: 네, ________________.

4과 <2> 새로 이사한 집은 어떤가요?

어휘

1. 알맞은 어휘를 골라 (　　) 안에 쓰십시오.

베란다　　세탁기　　주변　　놓다　　거의　　새로

1) 책상이 너무 작아서 (　　　　　　) 사야겠어요.
2) 무거운 가방은 의자 위에 (　　　　　　)으세요/세요.
3) 우리 집 (　　　　　　)에 있는 공원에서 자주 산책을 해요.
4) 숙제를 (　　　　　　) 다 했으니까 조금만 기다려 주세요.
5) 이사한 집에 (　　　　　　)이/가 없어서 손으로 빨래를 해요.
6) 우리 집은 (　　　　　　)이/가 넓어서 여러 가지 물건을 거기에 놓았습니다.

문법1

-는 중이다

1. 문장을 바꿔 쓰십시오.

보기 저는 지금 운동을 합니다. → 저는 지금 운동을 하는 중이에요.

1) 저는 저녁을 먹습니다. → ______________.
2) 동생은 숙제를 합니다. → ______________.
3) 저는 비행기 시간을 알아봅니다. → ______________.
4) 리타오 씨는 아르바이트를 합니다. → ______________.
5) 어머니께서 지금 김밥을 만드십니다. → ______________.

2. 그림을 보고 보기 와 같이 대화를 만드십시오.

보기

가: 지금 뭘 하세요?

나: 지금 텔레비전을 보는 중이에요.

①

가: 주앙 씨, 지금 숙제를 해요?

나: 아니요, ______________.

2

가: 리타오 씨, 집에 도착했어요?

나: 아니요, ______________________________.

3

가: 노라 씨가 영화 시간을 알아봐요?

나: 아니요, ______________________________.

4

가: 사장님은 뭘 하세요?

나: ______________________________.

5

가: 흐엉 씨, 지금 뭘 해요?

나: ______________________________.

문법 1 -나요/은가요/ㄴ가요?

1. 문장을 바꿔 쓰십시오.

보기 주말에 무엇을 합니까? → 주말에 무엇을 하나요?

1) 어디에서 점심을 먹습니까? → ______________________________?

2) 이 근처에 우체국이 있습니까? → ______________________________?

3) 그 옷을 어디에서 샀습니까? → ______________________________?

4) 미선 씨 고향은 날씨가 춥습니까? → ______________________________?

5) 노라 씨 동생은 대학생입니까? → ______________________________?

2. 그림을 보고 보기 와 같이 대화를 만드십시오.

보기

가: 흐엉 씨는 무슨 음식을 좋아하나요?

나: 저는 김치찌개를 좋아해요.

❶

가: ______________________________?

나: 네, 학생 식당 음식이 맛있어요.

❷

가: ______________________________?

나: 인도에 여행을 가요.

❸

가: ______________________________?

나: 저는 도서관에서 숙제를 했어요.

❹

가: ______________________________?

나: 저는 학교 근처에 살아요.

❺

가: ______________________________?

나: 리타오 씨는 중국사람이에요.

5과 <1> 접시에 덜어서 한번 드셔 보세요

어휘

1. 알맞은 어휘를 골라 (   ) 안에 쓰십시오.

갈비찜　　명절　　소고기　　접시　　덜다　　양념하다

1) 친구 집의 부엌에는 예쁜 (   )이/가 많아요.
2) 불고기는 (   )과/와 채소로 만든 음식이에요.
3) 너무 많으면 그릇에 (   )어서/아서/여서 드세요.
4) 저는 간장보다 고추장으로 (   )는/은/ㄴ 음식을 좋아해요.
5) (   )은/는 제가 좋아하는 한국 음식인데 비싸지만 아주 맛있어요.
6) 설날은 한국 (   ) 중의 하나예요. 설날에는 가족들과 함께 떡국을 먹어요.

문법1 -어/아/여 보다[2]

1. 문장을 만드십시오.

보기 비빔밥이 참 맛있어요. 한번 드셔 보세요.

1) 제가 좋아하는 노래예요. ____________________.
2) 설악산이 아주 아름다워요. ____________________.
3) 등산을 하면 건강해져요. ____________________.
4) 이 신발이 아주 가볍고 좋아요. ____________________.
5) 제가 요즘 읽고 있는 책이 정말 재미있어요. ____________________.

2. 대화를 만드십시오.

보기 가: 오늘은 자리를 바꿔서 앉아 볼까요?
나: 네, 좋아요.

1) 가: 이 티셔츠가 아주 예쁘네요. ____________________?
나: 네, 입어 보세요.

2) **가**: 갈비찜은 아직 못 먹어 봤으니까 오늘 ______________________________?

나: 네, 먹어 봅시다.

3) **가**: 사과 주스는 어때요? 맛있어요?

나: 네, 아주 맛있어요. ______________________________.

4) **가**: 경치가 아름다운 곳으로 여행을 가고 싶어요.

나: ______________________________.

5) **가**: 다음 주에 친구들이 집에 오는데 무슨 음식을 만들까요?

나: ______________________________.

문법2 -는데/은데/ㄴ데³

1. 관계있는 것을 연결하고 보기 와 같이 문장을 쓰십시오.

보기 제 여자 친구는 선생님입니다. •	• 모두 친절하고 열심히 공부합니다.
1) 이 가방은 남대문 시장에서 샀습니다. •	• 싸고 가볍습니다.
2) 우리 반은 여학생들이 많습니다. •	• 조금 맵지만 맛있었습니다.
3) 저는 한강에 자주 갑니다. •	• 바다가 아름답고 해산물이 맛있습니다.
4) 제 고향은 부산입니다. •	• 성격이 좋고 예쁩니다.
5) 어제 비빔밥을 처음 먹어 봤습니다. •	• 한강에는 자전거를 타는 사람들이 많습니다.

보기 제 여자 친구는 선생님인데 성격이 좋고 예쁩니다.

1) ______________________________.

2) ______________________________.

3) ______________________________.

4) ______________________________.

5) ______________________________.

2. 그림을 보고 대화를 만드십시오.

보기

가: 그 가방이 얼마예요?

나: 이 가방은 3만 원인데 예쁘고 가벼워요.

1

가: 고향이 어디예요?

나: ____________________.

학생 식당

2

가: 어디에서 점심을 자주 드세요?

나: ____________________.

동대문 시장

3

가: 그 바지를 어디에서 샀어요?

나: ____________________.

누나

4

가: 이 사진에 있는 사람이 누구예요?

나: ____________________.

5

가: 지난 주말에 어디에 갔어요?

나: ____________________.

5과 <2> 불고기를 만들어 본 적이 있어요?

어휘

1. 알맞은 어휘를 골라 (   ) 안에 쓰십시오.

간　고기　기름　참기름　채소　프라이팬　볶다　보다

1) 미역국은 간장으로 (   )을/를 해요.
2) 요리를 한 후에 (   )을/를 깨끗하게 닦았어요.
3) 감자를 튀길 때는 (   )을/를 많이 넣어야 해요.
4) 비빔밥은 (   )을/를 넣고 비벼서 먹으면 더 맛있어요.
5) 저는 (   )을/를 좋아해서 친구들과 자주 삼겹살을 먹으러 가요.
6) 볶음밥은 밥과 여러 가지 재료를 (   )어서/아서/여서 만들어요.
7) 이따가 된장찌개를 끓일 때 넣을 (   )을/를 사러 시장에 갈 거예요.
8) 친구가 만든 음식의 맛을 (   )었는데/았는데/였는데 아주 맛있었어요.

문법1 -은/ㄴ 적이 있다(없다)

1. 문장을 바꿔 쓰십시오.

보기 저는 한국 영화를 봤습니다. → 저는 한국 영화를 본 적이 있습니다.

1) 저는 제주도에 갔습니다. → ____________________.
2) 유키 씨는 닭갈비를 먹었습니다. → ____________________.
3) 흐엉 씨는 비빔밥을 만들었습니다. → ____________________.
4) 노라 씨는 혼자서 여행을 했습니다. → ____________________.
5) 주앙 씨는 한국 노래를 들었습니다. → ____________________.

2. 대화를 만드십시오.

보기 **가:** 이 책을 읽은 적이 있어요?
나: 아니요, 읽은 적이 없어요.

1) **가:** 수업에 늦은 적이 있어요?

나: 네, ________________.

2) **가:** 한국에서 놀이공원에 간 적이 있어요?

나: 네, ________________.

3) **가:** 한국에서 아르바이트를 한 적이 있어요?

나: 아니요, ________________.

4) **가:** 머리를 짧게 자른 적이 있어요?

나: 네, ________________.

5) **가:** 인터넷 게임을 해 본 적이 있어요?

나: 아니요, ________________.

문법2 에다가

1. 그림을 보고 문장을 만드십시오.

보기
공책에다가 이름을 ~~을/~~를 쓰세요.

1) ________ 에다가 ________ 을/를 거세요.

2) ________ 에다가 ________ 을/를 놓으세요.

3) ________ 에다가 ________ 을/를 넣으세요.

4) ______________ 에다가 ______________ 을/를 꽂으세요.

5) ______________ 에다가 ______________ 을/를 그리세요.

2. 대화를 만드십시오.

보기 **가:** 주스 병을 어디에다가 버릴까요? (책상 옆에 있는 쓰레기통)
나: 책상 옆에 있는 쓰레기통에다가 버리세요.

1) **가:** 고기를 어디에다가 구워요? (프라이팬)
나: ______________________________.

2) **가:** 이 지도를 어디에다가 걸까요? (벽)
나: ______________________________.

3) **가:** 이 책을 어디에다가 꽂을까요? (저쪽에 있는 책장)
나: ______________________________.

4) **가:** 이 가방을 어디에다가 둘까요? (책상 옆)
나: ______________________________.

5) **가:** 시장에서 산 과일을 어디에다가 놓을까요? (식탁 위)
나: ______________________________.

6과 <1> 큰 마트니까 아마 팔 거예요

어휘

1. 알맞은 어휘를 골라 (   ) 안에 쓰십시오.

마트　　방석　　비누　　생수　　이불　　팔다

1) (   )으로/로 손을 씻어요.
2) 불고기 재료를 (   )에서 다 살 수 있어요.
3) 학교 서점에서 우리 교과서를 (   )어요/아요/여요.
4) 저는 (   )을/를 마시지 않고 물을 끓여서 마십니다.
5) 날씨가 추워서 침대에 놓을 두꺼운 (   )을/를 샀어요.
6) 저는 도서관에서 공부할 때 의자에 (   )을/를 놓고 앉아요.

문법1

-을까요/ㄹ까요?[3]

1. 문장을 바꿔 쓰십시오.

보기 지금 가면 늦지 않습니까? → 지금 가면 늦지 않을까요?

1) 날씨가 춥습니까? → ______________________________?
2) 에릭 씨는 몇 살입니까? → ______________________________?
3) 윤아 씨가 집에 언제 옵니까? → ______________________________?
4) 브라질에 한국 사람이 많습니까? → ______________________________?
5) 학생들이 몇 시까지 도착할 수 있습니까? → ______________________________?

2. 그림을 보고 대화를 만드십시오.

보기

가: 이번 시험이 어려울까요?

나: 네, 어려울 것 같아요.

①

가: ______________________________?

나: 네, 비쌀 것 같아요.

❷

가: ____________________?

나: 네, 끝까지 올라갈 수 있을 것 같아요.

❸

가: ____________________?

나: 아니요, 에릭 씨가 바빠서 파티에 못 올 것 같아요.

❹

가: ____________________?

나: 1시에 끝날 것 같아요.

❺

가: ____________________?

나: 조금 있으면 꽃이 필 것 같아요.

문법2 -을/ㄹ 거예요

1. 쓰십시오.

> **보기** 그 사람은 책을 많이 읽으니까 아는 것이 많아요.
> → 그 사람은 책을 많이 읽으니까 아는 것이 많을 거예요.

1) 주말이니까 백화점이 복잡해요. → ____________________.

2) 윤아 씨는 친절하니까 친구들이 좋아해요. → ____________________.

3) 지금 저녁 7시니까 우진 씨는 집에 갔어요. → ____________________.

4) 에릭 씨는 고기를 좋아하니까 불고기를 잘 먹어요. → ____________________.

5) 민호 씨는 중국어를 전공하니까 중국어를 잘해요. → ____________________.

2. 그림을 보고 대화를 만드십시오.

보기

가: 에릭 씨가 노래를 잘 할까요?

나: 아마 잘할 거예요.

1

가: 오늘 날씨가 어떨까요?

나: ______________________________.

2

가: 도서관에 자리가 있을까요?

나: ______________________________.

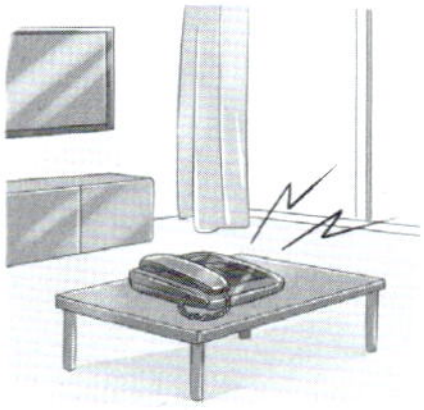

3

가: 영수 씨가 전화를 받을까요?

나: ______________________________.

4

가: 존 씨가 이번 시험을 잘 볼까요?

나: ______________________________.

5

가: 주앙 씨 생일 파티에 친구들이 많이 올까요?

나: ______________________________.

어휘

1. 알맞은 어휘를 골라 (   ) 안에 쓰십시오.

매장   상품   할인   세일하다   항상

1) 제주도는 경치가 아름다워서 (   ) 사람이 많아요.
2) 물건을 (   )을/ㄹ 때 사면 싸게 살 수 있습니다.
3) 여름에 겨울 물건을 사면 (   )을/를 많이 해 줍니다.
4) 백화점 1층에는 보통 패션잡화와 화장품 (   )이/가 있어요.
5) 그것은 우리 마트에서 사람들이 제일 많이 사는 (   )이에요/예요.

문법1 -는데/은데/ㄴ데[4]

1. 관계있는 것을 연결하고 문장을 쓰십시오.

보기 제가 이메일을 보냈어요. •	• 무슨 일이 있어요?
1) 하늘 씨는 키가 커요. •	• 봤어요?
2) 유키 씨가 학교에 안 왔어요. •	• 따뜻한 옷이 있어요?
3) 불고기가 맛있어요. •	• 회사에 왜 가요?
4) 날씨가 추워요. •	• 동생도 키가 커요?
5) 오늘은 일요일이에요. •	• 어떻게 만들었어요?

보기 제가 이메일을 보냈는데 봤어요?

1) ______________________________ ?
2) ______________________________ ?
3) ______________________________ ?
4) ______________________________ ?
5) ______________________________ ?

2. 그림을 보고 대화를 만드십시오.

보기

가: 눈이 많이 오는데 차를 가지고 가요?

나: 네, 부모님이 오셔서 공항에 빨리 가야 해요.

❶

가: ____________________?

나: 아니요, 일이 있어서 손님을 만나러 가요.

❷

가: ____________________?

나: 네, 시험이 있어서 공부해야 해요.

❸

가: ____________________?

나: 어떻게 하지요? 저도 약이 없어요.

❹

가: ____________________?

나: 네, 있습니다. 이걸 입어 보세요.

❺

가: ____________________?

나: 조금 전에 밥을 먹었어요.

문법2 -어하다/아하다/여하다

1. 알맞은 어휘를 골라 문장을 만드십시오.

귀엽다 미안하다 반갑다 부럽다 슬프다 싫다

보기 저는 짜고 매운 음식을 싫어해요~~어해요/아해요/여해요.~~

1) 흐엉 씨는 친구가 고향에 가서 ______________ 어합니다/아합니다/여합니다.

2) 리타오 씨는 약속 시간에 늦어서 ______________ 어했어요/아했어요/여했어요.

3) 에릭 씨는 한국어를 잘하는 사람을 ______________ 어해요/아해요/여해요.

4) 레오 씨는 고향 친구를 만나서 ______________ 어했어요/아했어요/여했어요.

5) 할아버지는 저를 ______________ 어하십니다/아하십니다/여하십니다.

2. 그림을 보고 대화를 만드십시오.

보기 

가: 어머니께 생신 선물을 드렸어요?

나: 네, 선물을 받고 기뻐하셨어요.

1 

가: 학생들이 시험을 잘 봤어요?

나: 글쎄요, ______________.

2 

가: 친구들이 유키 씨가 이사하는 것을 도와줬어요?

나: 네, ______________.

3 

가: 파티가 재미있었어요?

나: 네, ______________.

4 

가: 리타오 씨에게 한국 여자 친구를 소개해 줬어요?

나: 네, 그런데 ______________.

5 

가: 윤아 씨는 운전을 좋아하지요?

나: 아니요, ______________.

7과 <1> 이 검은 색 반바지를 입어 봐도 돼요?

어휘

1. 알맞은 어휘를 골라 (   ) 안에 쓰십시오.

반바지　　흰색　　갈아입다　　유행이다　　특별히

1) 여름에는 시원한 (   )을/를 자주 입어요.
2) (   ) 옷을 입으면 쉽게 더러워져서 잘 안 입어요.
3) 집에 와서 편한 옷으로 (   )고 청소를 시작했어요.
4) 오늘은 외국에서 손님이 오시니까 (   ) 준비를 잘해 주세요.
5) 요즘에는 머리가 짧은 것이 (   )어서/아서/여서 짧은 머리를 한 여자들을 많이 볼 수 있습니다.

문법1 -어도/아도/여도 되다

1. 문장을 바꿔 쓰십시오.

보기 먼저 밥을 먹습니다. → 먼저 밥을 먹어도 됩니다.

1) 교실에서 모자를 씁니다. → ______________________.
2) 오늘은 집에 일찍 갑니다. → ______________________.
3) 방에 있는 에어컨을 켭니다. → ______________________.
4) 우리 하숙집에서는 요리합니다. → ______________________.
5) 이 가게에 있는 옷을 입어 봅니다. → ______________________.

2. 대화를 만드십시오.

보기 **가:** 이 수영복을 입어 봐도 돼요?
나: 네, 입어 봐도 됩니다.

1) **가:** 여기에 있는 잡지를 읽어도 돼요?
나: 네, ______________________.
2) **가:** 여기에서 인터넷을 해도 됩니까?
나: 네, ______________________.
3) **가:** 냉장고 안에 있는 주스를 마셔도 돼요?
나: 네, ______________________.

4) 가: ____?

나: 네, 더우면 창문을 열어도 돼요.

5) 가: ____?

나: 네, 텔레비전을 봐도 됩니다.

문법2 -어하다/아하다/여하다

1. 알맞은 것을 골라 문장을 만드십시오.

지하철에서는……
· 큰 소리로 전화하지 마십시오.
· 뛰지 마십시오.
· 술을 마시지 마십시오.
· 담배를 피우지 마십시오.
· 쓰레기를 버리지 마십시오.
· 다른 사람이 내리기 전에 타지 마십시오.

보기 지하철에서 큰 소리로 전화하면 안 됩니다.

1) ____________________.

2) ____________________.

3) ____________________.

4) ____________________.

5) ____________________.

2. 대화를 만드십시오.

보기 가: 여기에서 기다려도 돼요?
나: 아니요, 여기에서 기다리면 안 돼요.

1) 가: 지금 집에 가도 됩니까?

나: 아니요, ____________________.

2) 가: 내일 늦게 와도 돼요?

나: 아니요, ____________________.

3) 가: 여기에서 사진을 찍어도 됩니까?

나: 아니요, ____________________.

4) 가: 밥을 먹기 전에 약을 먹어도 돼요?

나: 아니요, ____________________.

5) 가: 의사 선생님, 커피를 마셔도 될까요?

나: 아니요, ____________________.

<2> 가방이 얼마나 가벼운지 몰라요

어휘

1. 알맞은 어휘를 골라 (   ) 안에 쓰십시오.

사이즈   월급   주머니   멋있다   빨갛다   첫   마음에 들다

1) (   )은/ㄴ 구두를 사고 싶어요.
2) 저기 (   )는/은/ㄴ 옷을 입은 남자는 누구예요?
3) 친구가 준 선물이 (   )었어요/았어요/였어요.
4) 이 옷은 (   )이/가 잘 안 맞는데 바꿀 수 있을까요?
5) 사람들은 (   ) 눈이 오는 날 보고 싶은 사람에게 전화해요.
6) 회사에서 처음 받은 (   )으로/로 부모님께 드릴 선물을 샀어요.
7) (   )이/가 많은 옷을 입으면 물건을 많이 넣을 수 있어서 편해요.

문법1 ㅎ동사

1. 표를 완성하고 쓰십시오.

	-습니까/ㅂ니까?	-어요/아요/여요	-어서/아서/여서	-으면/면	-은/ㄴ
하얗다	하얗습니까?				
까맣다		까매요			
빨갛다			빨개서		
파랗다				파라면	
노랗다					
어떻다					어떤
이렇다					
저렇다					
그렇다				그러면	

보기 눈이 와서 밖이 하얘요~~어요/아요/애요~~.(하얗다)

1) ________은/ㄴ 가방이 참 예쁘네요.(노랗다)
2) 여행할 때 날씨는 ________었어요/았어요/였어요?(어떻다)
3) 어디 아파요? 얼굴이 ________어요/아요/여요.(빨갛다)
4) ________은/ㄴ 옷은 어디에서 팔아요? 저도 사고 싶어요.(그렇다)
5) 가을이 되면 하늘이 ________어져요/아져요/여져요.(파랗다)

2. **여행사에서 손님과 직원이 말합니다. 대화를 만드십시오.**

손님: 아내하고 결혼한 지 20년이 됐는데 아주 특별한 여행을 가고 싶어요.

직원: 그럼 러시아에 가는 건 보기 어떠세요?~~으세요/세요?~~ (어떻다)

1) ________ 는/은/ㄴ 눈 속에서 부인에게 "사랑해."라고 말하면 좋아하실 거예요. (하얗다)

손님: 아내가 추운 걸 안 좋아해요.

직원: 그럼 하와이에 가보세요. 2) ________ 는/은/ㄴ바다가 너무 아름다워서 좋아하실 거예요. (파랗다)

손님: 아내가 수영을 못 해요.

직원: 그럼 일본은 어떠세요? 3) ________ 는/은/ㄴ 해변이 유명한 곳이 있는데 온천도 하실 수 있어요. (까맣다)

손님: 아내가 뜨거운 것을 싫어해요.

직원: 그럼 브라질에 가시면 어떨까요?4) ________ 는/은/ㄴ 꽃, 5) ________ 는/은/ㄴ 꽃이 아름다운 곳이에요. (노랗다) (빨갛다)

손님: 너무 멀어요. 아내가 비행기를 잘 못 타요.

직원: 손님, 그럼 한국에서 여행하시는 건 어떠세요?

문법2 얼마나 -는지/은지/ㄴ지 모르다

1. **문장을 바꿔 쓰십시오.**

보기 옆집에서 파티를 해서 너무 시끄러워요.
→ 옆집에서 파티를 해서 얼마나 시끄러운지 몰라요.

1) 친구 동생이 아주 귀여워요. → ________________.

2) 주앙 씨가 춤을 정말 잘 춰요. → ________________.

3) 학생 식당이 싸고 맛있어서 자주 가요. → ________________.

4) 고향 집에 가서 음식을 많이 먹었어요. → ________________.

5) 의자에 앉아서 오래 공부하기가 너무 힘들어요. → ________________.

2. 대화를 만드십시오.

보기 가: 존 씨가 김치를 잘 먹어요?
나: 네, 얼마나 잘 먹는지 몰라요.

1) 가: 아이가 너무 예쁘지요?

나: 네, ______________________.

2) 가: 밖에 바람이 많이 불어요?

나: 네, ______________________.

3) 가: 흐엉 씨가 요리를 잘해요?

나: 네, ______________________.

4) 가: 어머니께서 전화를 자주 하세요?

나: 네, ______________________.

5) 가: 어제 친구들이 술을 많이 마셨어요?

나: 네, ______________________.

8과 <1> 모임을 7시쯤 시작할까 해

어휘

1. 알맞은 어휘를 골라 (   ) 안에 쓰십시오.

기대 도움 모임 시작하다 초대하다 필요하다

1) 이번 주말에 반 (   )을/를 합시다.
2) 내일 제주도에 처음 가는데 (   )이/가 돼요.
3) 외국에 갈 때 여권이 (   )습니다/ㅂ니다.
4) 생일 파티에 (   )어/아/여 주셔서 감사합니다.
5) 회사를 그만두고 새로운 사업을 (   )으려고/려고 해요.
6) 한국에 처음 왔을 때 한국 친구에게서 (   )을/를 많이 받았어요.

문법1 -어/아/여(비격식체 반말)

1. 문장을 바꿔 쓰십시오.

보기 저는 지금 음악을 들어요. → 나는 지금 음악을 들어.

1) 제 고향은 제주도예요. → ______________________.
2) 하늘 씨, 어디에 가세요? → ______________________?
3) 제 동생은 날마다 운동해요. → ______________________.
4) 윤아 씨, 내일 일찍 오세요. → ______________________.
5) 선희 씨, 우리 같이 학교에 가요. → ______________________.

2. 대화를 만드십시오.

보기 가: 한국 생활이 재미있어?
나: 응, 한국 생활이 아주 재미있어.

1) 가: 한국어 공부가 힘들어?
나: 아니, ______________________.

2) 가: 너는 보통 주말에 뭘 해?
나: ______________________.

3) 가: 지난 방학에 뭘 했어?
나: ______________________.

4) 가: 네 생일이 몇 월 며칠이야?
나: ______________________.

5) 가: 이번 크리스마스에 뭘 할 거야?
나: ______________________.

문법2 -을까/ㄹ까 하다

1. 문장을 바꿔 쓰십시오.

보기 이번 주말에 영화를 봐요. → 이번 주말에 영화를 볼까 해요.

1) 졸업하고 일해요. → ______.

2) 방학 때 부산에 가요. → ______.

3) 내일은 집에서 쉬어요. → ______.

4) 점심을 먹고 책을 읽어요. → ______.

5) 오늘 저녁에 피자를 먹어요. → ______.

2. 그림을 보고 대화를 만드십시오.

보기 

가: 하늘 씨, 휴가 때 어느 나라로 여행을 갈 거예요?

나: 프랑스로 여행을 갈까 해요.

① 

가: 점심에 뭘 먹을 거야?

나: ______.

② 

가: 이번 주말에 뭘 할 거야?

나: ______.

③ 

가: 언제 결혼하실 거예요?

나: ______.

④ 

가: 오늘 오후에 뭘 할 거예요?

나: ______.

⑤ 

가: 서울에 부모님이 오시면 어디에 갈 거예요?

나: ______.

어휘

1. 알맞은 어휘를 골라 ( ) 안에 쓰십시오.

부인 분위기 선배 주방용품 집들이 찻잔 쓰다 어울리다

1) 녹차를 예쁜 ( )에 담아서 드세요.
2) 친구 ( )에 휴지를 사 가지고 갔어요.
3) 저한테는 빨간색이 잘 ( )지 않아요.
4) ( )님, 저 오늘 맛있는 밥 좀 사 주세요.
5) 저 여자 분은 우리 사장님의 ( )이십니다/십니다.
6) 요리할 때 쓸 ( )을/를 남대문 시장에 가서 사세요.
7) 학교 앞에 있는 커피숍은 ( )이/가 좋아서 인기가 많아요.
8) 요즘에는 일을 할 때 거의 모든 사람들이 컴퓨터를 ( )습니다/ㅂ니다.

문법1 -어/아/여 가지고

1. 관계있는 것을 연결하고 문장을 쓰십시오.

보기 화장품을 삽니다.	고향에 갈 거예요.
1) 샌드위치를 만듭니다.	좋은 가방을 샀어요.
2) 돈을 모읍니다.	대학교에 들어갈 거예요.
3) 한국어를 공부합니다.	설날에 입을 거예요.
4) 한복을 빌립니다.	부모님께 보냈어요.
5) 편지를 씁니다.	소풍을 갔어요.

보기 화장품을 사 가지고 고향에 갈 거예요.

1) ______________________.
2) ______________________.
3) ______________________.
4) ______________________.
5) ______________________.

2. 대화를 만드십시오.

보기 가: 월급을 받아 가지고 뭘 하려고 해요?
나: 월급을 받아 가지고 새 휴대 전화를 살 거예요.

1) 가: 에릭 씨 생일 파티에 갈 때 뭘 사 가지고 갔어요?

나: ______________ 어/아/여 가지고 ______________.

2) 가: 한국어를 배워서 뭘 하고 싶어요?

나: ______________ 어/아/여 가지고 ______________.

3) 가: 그 많은 책을 다 사서 읽었어요?

나: 아니요, 도서관에서 ______________.

4) 가: 사진을 찍어서 뭘 했어요?

나: ______________.

5) 가: 비빔밥은 어떻게 먹는 거예요?

나: ______________.

문법2 -지 마

1. 문장을 바꿔 쓰십시오.

보기 수업 시간에 떠들지 마세요. → 수업 시간에 떠들지 마.

1) 거기에는 들어가지 마세요. → ______________.

2) 너무 늦게 전화하지 마세요. → ______________.

3) 비 오는 날에는 뛰지 마세요. → ______________.

4) 날씨가 추우니까 창문을 열지 마세요. → ______________.

5) 공부할 때는 시끄러운 음악을 듣지 마세요. → ______________.

2. 대화를 만드십시오.

보기 가: 윤아야, 오늘 집에 일찍 들어올 거야?
나: 아니, 늦을 것 같으니까 기다리지 마.

1) 가: 텔레비전을 켜도 될까요?

나: 안 돼. 시끄러우니까 ________________ 지 마.

2) 가: 나는 하루에 커피를 다섯 잔쯤 마셔.

나: 밤에 잘 수 없으니까 ________________ 지 마.

3) 가: 늦었는데 택시 타고 갈까?

나: 교통이 복잡하니까 ________________.

4) 가: 싱거운데 소금을 더 넣을까?

나: ________________.

5) 가: 여기에서 사진을 찍어도 될까요?

나: ________________.

9과 <1> 회사 일 끝나고 바로 갈게

어휘

1. 알맞은 어휘를 골라 (　　) 안에 쓰십시오.

지나다　드디어　무척　바로　벌써　그래

1) 가: 집에 일찍 와.
   나: (　　　　　), 알았어. 그렇게 할게.
2) 여름이 (　　　　　)고 가을이 되었어요.
3) 집에 도착하면 (　　　　　) 전화하세요.
4) 지금 5시인데 (　　　　　) 저녁을 먹었어요?
5) (　　　　　) 한국어학당을 졸업하고 고향에 갑니다.
6) 제 선물을 받고 어머니께서 (　　　　　) 기뻐하셨어요.

문법1 -는다/ㄴ다/다(격식체 반말)

1. 문장을 바꿔 쓰십시오.

보기 저는 학생 식당에서 자주 밥을 먹습니다.
→ 나는 학생 식당에서 자주 밥을 먹는다.

1) 에릭 씨는 날마다 아침 7시에 일어납니다. → ________________.
2) 제 여동생은 아주 예쁩니다. → ________________.
3) 윤아 씨가 어제 학교에서 열심히 공부했습니다. → ________________.
4) 저는 한국 사람입니다. → ________________.
5) 우진 씨, 어디에 가십니까? → ________________.

2. 리타오 씨의 일기입니다. 문장을 바꿔 쓰십시오.

20xx년 10월 3일 맑음

보기 오늘은 일요일입니다. 1) 수업이 없어서 학교에 안 가니까 편하기도 하지만 조금 심심합니다. 2) 처음에는 한국어 공부하기가 힘들었지만 요즘에는 단어도 많이 알고 점점 잘 들을 수 있으니까 공부가 재미있습니다. 3) 빨리 내일이 와서 학교에 갔으면 좋겠습니다. 4) 요즘에는 노래 연습과 춤 연습도 열심히 합니다. 5) 한국어도 잘하고 빨리 가수가 돼서 한국 텔레비전에 나오는 유명한 사람이 되고 싶습니다.

보기 오늘은 일요일이다.

1) ______________________________.

2) ______________________________.

3) ______________________________.

4) ______________________________.

5) ______________________________.

문법2 -을게요/ㄹ게요

1. 문장을 바꿔 쓰십시오.

보기 내일 꼭 학교에 오겠어요. → 내일 꼭 학교에 올게요.

1) 3시에 전화하겠어요. → ______________________________.

2) 밤에는 일하지 않겠어. → ______________________________.

3) 자기 전에 꼭 세수하겠어요. → ______________________________.

4) 오늘은 내가 커피를 사겠어. → ______________________________.

5) 이제 담배를 피우지 않겠어요. → ______________________________.

2. 대화를 만드십시오.

보기 **가:** 고향에 가면 꼭 연락해.
나: 응, 꼭 연락할게.

1) **가:** 내일 숙제를 가지고 와.
나: 응, ______________________________.

2) **가:** 건강해지려면 운동을 해야 해.
나: 그래, ______________________________.

3) **가:** 밥을 먹고 꼭 이를 닦아야 해.
나: 알았어, ______________________________.

4) **가:** 단 것을 너무 많이 먹지 마.
나: 그래, ______________________________.

5) **가:** 우리 집에 언제 올 거야?.
나: ______________________________.

9-2 회사에 급한 일이 생겨서 출장을 가게 됐어

어휘

1. 알맞은 어휘를 골라 ( ) 안에 쓰십시오.

이틀 후 급하다 뵙다 섭섭하다 생기다 갑자기

1) 사흘 ( )에 다시 연락드리겠습니다.
2) 그 일을 하는데 하루나 ( ) 걸릴 거예요.
3) 잘 모르는 사람이 ( ) 우리 집에 들어와서 깜짝 놀랐어요.
4) 한국에 와서 한국 친구가 많이 ( )었어요/았어요/였어요.
5) 고향에서 ( )는/은/ㄴ 전화가 와서 수업 시간에 밖으로 나갔다.
6) 친한 친구가 생일 선물을 주지 않아서 좀 ( )었다/았다/였다.
7) 대학교 때 교수님을 ( )고 싶어서 오래간만에 학교에 갔습니다.

문법 1 -어라/아라/여라, -자

1. 문장을 바꿔 쓰십시오.

보기 싱거우면 소금을 넣으십시오. → 싱거우면 소금을 넣어라.

1) 안녕히 주무십시오. → ____________.
2) 휴대 전화를 끄십시오. → ____________.
3) 같이 노래방에 갑시다. → ____________.
4) 인터넷을 너무 많이 하지 마십시오. → ____________.
5) 날씨가 안 좋으니까 밖에 나가지 맙시다. → ____________.

2. 대화를 만드십시오.

보기 가: 오늘 점심에 뭘 먹을까?
나: 학생 식당에서 된장찌개를 먹자.

1) 가: 이번 주말에 뭘 할까?
나: ____________.

2) 가: ____________.
나: 알겠습니다. 조용히 하겠습니다.

3) 가: 교실이 너무 덥다.
나: ____________.

4) 가: 신촌역까지 버스를 타고 갈까?
나: 아니, ____________.

5) 가: 아, 심심해.
나: ____________.

문법2 -게 되다

1. 알맞은 것을 골라 문장을 만드십시오.

말하기를 잘하다	아르바이트를 하다	이 하숙집에서 살다
좋은 대학교에 들어가다	학교를 그만두다	한국어를 배우다

보기 한국 노래를 좋아해서 한국어를 배우게 됐어요.

1) 몸이 아파서 ______________________.

2) 돈이 필요해서 ______________________.

3) 학교와 가까워서 ______________________.

4) 열심히 공부해서 ______________________.

5) 한국 친구와 많이 연습해서 ______________________.

2. 대화를 만드십시오.

보기 **가:** 왜 고향에 돌아가요?
나: 집에 급한 일이 생겨서 고향에 돌아가게 됐어요.

1) **가:** 왜 영어를 배워요?
나: 미국 회사에 들어가서 ______________________ 게 됐어요.

2) **가:** 왜 아르바이트를 그만둬요?
나: 일이 힘들어서 ______________________ 게 됐어요.

3) **가:** 어떻게 그 사람을 사귀게 됐어요?
나: ______________________.

4) **가:** 어떻게 테니스를 잘 치게 됐어요?
나: ______________________.

5) **가:** 어떻게 한국 역사를 공부하게 됐어요?
나: ______________________.

10과 <1> 지난주에 배운 것 좀 설명해 주실래요?

어휘

1. 알맞은 어휘를 골라 (　　) 안에 쓰십시오.

부탁　　결석하다　　들어주다　　빌려주다　　설명하다

1) 저, (　　　　　　)이/가 있습니다.

2) 선생님, 죄송하지만 다시 한번 (　　　　　　)어/아/여 주십시오.

3) 제가 지갑을 안 가지고 왔는데 돈 좀 (　　　　　　)을/ㄹ 수 있어요?

4) 교실에 학생이 한 명 없네요. (　　　　　　)는/은/ㄴ 사람은 누구예요?

5) 친구가 어려운 부탁을 (　　　　　　)어서/아서/여서 너무 고마웠습니다.

문법 1

-을래요/ㄹ래요?

1. 문장을 바꿔 쓰십시오.

보기 뭘 드시겠습니까? → 뭘 드실래요?

1) 무슨 책을 읽겠습니까? → ______________________?

2) 문 좀 닫아 주시겠습니까? → ______________________?

3) 같이 한식집에 가겠습니까? → ______________________?

4) 따뜻한 커피를 마시겠습니까? → ______________________?

5) 의자에 앉아서 좀 쉬시겠습니까? → ______________________?

2. 대화를 만드십시오.

보기 가: 어디에 가세요?
나: 공부하러 도서관에 가요. 같이 갈래요?

1) 가: ______________________?
나: 저는 녹차를 마실게요.

2) 가: 볼펜을 안 가지고 왔어요. ______________________?
나: 네, 빌려줄게요.

3) 가: 그 콘서트가 재미있을 것 같아요. ______________________?
나: 좋아요. 저도 보고 싶어요.

4) 가: 어제 왜 학교에 안 왔어요? 중요한 것을 배웠어요.

나: ______________________________?

5) 가: ______________________________?

나: 네, 한번 먹어 볼게요.

문법2 -었다가/았다가/였다가[1]

1. 관계있는 것을 연결하고 문장을 쓰십시오.

보기 TV를 끕니다. • ········	• 다시 켰어요
1) 잠깐 쉽니다. •	• 접었어요.
2) 우산을 폅니다. •	• 다시 일을 시작했어요.
3) 침대에 눕습니다. •	• 일어났어요.
4) 지갑을 잃어버립니다. •	• 놓았어요.
5) 찌개 그릇을 잡습니다 •	• 찾았어요.

보기 TV를 껐다가 다시 켰어요.

1) ______________________________.

2) ______________________________.

3) ______________________________.

4) ______________________________.

5) ______________________________.

2. 그림을 보고 대화를 만드십시오.

보기

가: 왜 지하철에서 내렸어요?

나: 지하철을 탔다가 사람이 너무 많아서 내렸어요.

1

가: 왜 에어컨을 껐어요?

나: ______________________________.

2

가: 어제 산 신발을 왜 바꿨어요?

나: ______________________________.

3

가: 방학 때 어디에 갔다가 왔어요?

나: ______________________________.

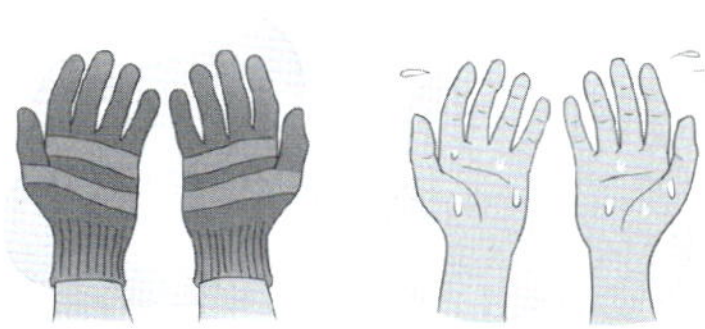

4

가: 왜 장갑을 벗었어요?

나: ______________________________.

5

가: 왜 4층에 올라갔다가 내려왔어요?

나: ______________________________.

10과 <2> 저, 실례합니다만 김 선생님 계십니까?

어휘

1. 알맞은 어휘를 골라 (   ) 안에 쓰십시오.

서류   전하다   퇴근하다   이미   저

1) (   ), 길 좀 물어봐도 될까요?
2) 제 말 좀 그 친구에게 (   )어/아/여 주세요.
3) 부장님, 먼저 (   )어도/아도/여도 될까요?
4) (   ) 늦었어요. 지금쯤 가게 문을 닫았을 거예요.
5) 내일 회의 시간에 이 (   )을/를 꼭 가지고 오십시오.

문법1 -습니다만/ㅂ니다만

1. 관계있는 것을 연결하고 문장을 쓰십시오.

보기 영화를 좋아합니다.	자주 보지 못합니다.
1) 죄송합니다.	춤은 잘 춥니다.
2) 실례합니다.	배가 불러서 못 먹겠습니다.
3) 먹고 싶습니다.	내일 모임에는 올 수 없습니다.
4) 물건은 좋습니다.	뭐 좀 물어봐도 될까요?
5) 노래는 잘 못합니다.	가격이 너무 비쌉니다.

보기 영화를 좋아합니다만 자주 보지 못합니다.

1) ________________________________.
2) ________________________________?
3) ________________________________.
4) ________________________________.
5) ________________________________.

2. 대화를 만드십시오.

보기 가: 토요일에 반모임을 하려고 하는데 오실 수 있어요?
나: 죄송합니다만 토요일에는 다른 약속이 있어서 가기 힘들 것 같습니다.

1) 가: 김우진 씨를 압니까?
나: ______________________.

2) 가: 같이 저녁을 먹읍시다.
나: ______________________.

3) 가: 시험 준비를 많이 했습니까?
나: ______________________.

4) 가: 영어를 어디에서 배웠습니까?
나: ______________________.

5) 가: 내일 회의에 오실 수 있습니까?
나: ______________________.

문법2 -는지/은지/ㄴ지 알다(모르다)

1. 문장을 바꿔 쓰십시오.

보기 잡채를 어떻게 만들어요? → 잡채를 어떻게 만드는지 아세요?

1) 존 씨가 무엇을 전공해요? → ______________________?
2) 이 식당에서 무엇이 제일 맛있어요? → ______________________?
3) 학생 식당의 순두부찌개가 얼마예요? → ______________________?
4) 에릭 씨가 오늘 왜 결석했어요? → ______________________?
5) 유키 씨가 언제 고향에 돌아갈 거예요? → ______________________?

2. 대화를 만드십시오.

보기 **가:** 유키 씨가 무슨 일을 하는지 알아요?
나: 네, 알아요. 기자예요.

1) **가:** ______________________________?

나: 네, 5월 17일이에요.

2) **가:** ______________________________?

나: 네, 에릭 씨가 회사 일 때문에 요즘 바빠요.

3) **가:** ______________________________?

나: 네, 제주도는 봄에 가면 제일 좋아요.

4) **가:** ______________________________?

나: 네, 방학 때 흐엉 씨는 고향에 다녀왔어요.

5) **가:** 요즘 태국 날씨가 어떤지 아세요?

나: 아니요, ______________________________.

모범 답안(교재)

1-1 고향에 가서 즐겁게 지냈어요

어휘

1.

보기 잡지와 책을 만듭니다.	방송국
1) 비행기를 운전합니다.	광고 회사
2) 여러 광고를 만듭니다.	항공사
3) 신문을 만듭니다.	신문사
4) 텔레비전 프로그램을 만듭니다.	출판사

2. 생략

-게[1]

1) 리타오 씨가 바쁘게 일해요.
2) 리타오 씨가 크게 말해요.
3) 리타오 씨가 옷을 멋있게 입었어요.
4) 리타오 씨가 방을 깨끗하게 청소했어요.
5) 리타오 씨가 친구들과 재미있게 놀아요.

-어지다/아지다/여지다

1) 흐엉 씨 친구가 많아서 한국 생활이 재미있어졌어요.
2) 흐엉 씨가 열심히 공부해서 한국어가 쉬워졌어요.
3) 흐엉 씨가 화장을 해서 예뻐졌어요.
4) 흐엉 씨가 청소를 해서 방이 깨끗해졌어요.
5) 흐엉 씨가 창문을 닫아서 교실이 조용해졌어요.

연습해 봅시다

1) 가: 리타오 씨, 요즘 어떻게 지내요?
   나: 저는 즐겁게 지내요. 하늘 씨는요?
   가: 저는 식당에서 아르바이트를 해요. 일이 좀 힘들어요.
   나: 열심히 일하면 점점 익숙해져요.
2) 가: 노라 씨, 요즘 어떻게 지내요?
   나: 저는 한가하게 지내요. 존 씨는요?
   가: 저는 한국 요리를 배워요. 요리하기가 어려워요.
   나: 친구와 같이 배우면 요리가 재미있어져요.
3) 가: 에릭 씨, 요즘 어떻게 지내요?
   나: 저는 바쁘게 지내요. 올리비아 씨는요?
   가: 저는 몸이 아파요.
   나: 운동을 하면 건강해져요.

1-2 한국말을 배운지 세 달 됐어요

어휘

1. 1) 의학을 2) 컴퓨터 공학을 3) 영문학을 4) 교육학을

-은/ㄴ 지

1) 레오 씨는 요리를 배운 지 8년 됐어요.
2) 레오 씨는 프랑스 식당에서 일한 지 6년 됐어요.
3) 레오 씨는 아내를 만난 지 4년 됐어요.
4) 레오 씨는 아내와 결혼한 지 3년 됐어요.
5) 레오 씨는 한국에 온 지 1년 됐어요.

-으려고/려고

1) 존 : 리타오 씨, 왜 아르바이트를 해요?
   리타오: 새 컴퓨터를 사려고 아르바이트를 해요.
2) 존 : 왜 샌드위치를 만들었어요?
   리타오: 친구와 같이 먹으려고 샌드위치를 만들었어요.
3) 존 : 왜 사진을 많이 찍었어요?
   리타오: 어머니께 보내려고 사진을 많이 찍었어요.
4) 존 : 왜 선물을 샀어요?
   리타오: 할머니께 드리려고 선물을 샀어요.
5) 존 : 왜 일찍 자요?
   리타오: 내일 일찍 일어나려고 오늘 일찍 자요.

연습해 봅시다

1) 가: 존 씨, 한국말을 공부한 지 얼마나 됐어요?
   나: 삼 개월 됐어요.
   가: 왜 한국말을 배워요?
   나: 한국 회사에서 일하려고 한국말을 배워요.
2) 가: 주앙 씨, 한국에 온 지 얼마나 됐어요?
   나: 한 달 됐어요.
   가: 왜 한국에 왔어요?
   나: 한국 역사를 공부하려고 한국에 왔어요.
3) 가: 다니엘 씨, 춤을 배운 지 얼마나 됐어요?
   나: 일 년 됐어요.
   가: 왜 춤을 배워요?
   나: 가수가 되려고 춤을 배워요.

◆ 복습

1. 1) 대학원 2) 졸업한 3) 다닙니다 4) 익숙해졌습니다.
   5) 전공하 6) 즐겁 7) 지냈습니다.
2. 1) 바쁘 2) 동생에게 주려고 3) 한국에 온 지
   4) 익숙해졌어요.

2-1 친구가 정말 잘생겼네요

어휘

1. 1) 똑똑해서 2) 날씬해졌어요
   3) 목소리가 좋아서 4) 마음이 따뜻해서
   1) 코 2) 입 3) 무릎 4) 발 5) 귀 6) 어깨 7) 손
2. 생략

-네요

1) 존 씨가 그림을 잘 그리네요.
2) 레오 씨가 요리를 잘하네요.
3) 올리비아 씨는 친구가 많네요.
4) 리타오 씨는 키가 크네요.
5) 노라 씨가 시험을 잘 봤네요.

-겠다[2]

1) 선물을 많이 받아서 좋으시겠어요.
2) 수영을 잘 하시겠어요.
3) 잠을 못 자서 피곤하겠어요.
4) 도서관에 사람이 많겠어요.
5) 부모님을 만나서 기쁘시겠어요.

연습해 봅시다

1) 가: 이거 제가 만든 불고기예요.
   나: 참 맛있겠네요.
   가: 점심에 친구들과 같이 먹을 거예요.
   나: 친구들이 좋아하겠어요.
2) 가: 여기가 제 방이에요.
   나: 방이 아주 깨끗하네요.
   가: 제 방 옆에 노래방이 있어요.
   나: 그래요? 좀 시끄럽겠어요.
3) 가: 이 아이가 제 동생이에요.
   나: 동생이 아주 키가 크네요.
   가: 동생은 일본에서 대학교에 다녀요.
   나: 그럼 일본어를 잘하겠어요.

2-2 우리 언니의 딸이에요

어휘

1. 1) 외할머니 2) 외삼촌 3) 이모 4) 조카

-을/ㄹ 때

1) 제가 학교에 갈 때 친구와 같이 갔어요.
2) 제가 숙제를 할 때 친구가 도와줬어요.
3) 제가 아플 때 친구가 약을 사 주었어요.
4) 제가 한국에 올 때 친구가 울었어요.
5) 제가 친구와 중국에 갔을 때 이 사진을 찍었어요.

의

1) 유키: 흐엉 씨, 이건 누구의 옷이에요?
   흐엉: 그건 우리 아버지의 옷이에요.
2) 유키: 이건 누구의 가방이에요?
   흐엉: 그건 우리 할머니의 가방이에요.
3) 유키: 이건 누구의 연필이에요?
   흐엉: 그건 제 조카의 연필이에요.
4) 유키: 이건 누구의 모자예요?
   흐엉: 그건 제 동생의 모자예요.
5) 유키: 이건 누구의 구두예요?
   흐엉: 그건 우리 어머니의 구두예요.

연습해 봅시다

1) 가: 이 모자는 누구 거예요?
   나: 존 씨의 모자예요.
   가: 존 씨가 언제 이 모자를 샀어요?
   나: 베트남에 여행 갔을 때 이 모자를 샀어요.
2) 가: 이 옷은 누구 거예요?
   나: 유키 씨의 옷이에요.
   가: 유키 씨가 언제 이 옷을 입었어요?
   나: 운동을 할 때 이 옷을 입었어요.
3) 가: 이 구두는 누구 거예요?
   나: 올리비아 씨의 구두예요.
   가: 올리비아 씨가 언제 구두를 신었어요?
   나: 춤을 출 때 이 구두를 신었어요.

복습

1. 1) 조카예요 2) 마음이 3) 성격이 4) 연예인이 5) 착해서 6) 공무원이어서 7) 시청 8) 이모는
2. 1) 고모 2) 이모 3) 큰아버지 4) 조카 5) 귀엽 6) 미국에 갔을 때 7) 재미있었겠어요 8) 아주 바쁘

3-1 제주도에 가 봤어요?

어휘

1. 1) 해산물을 2) 온천 3) 도시 4) 해변

만에

1) 올리비아: 에릭 씨, 얼마 만에 노래방에 갔어요?
   에 릭: 네 달 만에 노래방에 갔어요.
2) 올리비아: 얼마 만에 여행을 갔어요?
   에 릭: 1년 만에 여행을 갔어요.
3) 에 릭: 올리비아 씨, 얼마 만에 대학교를 졸업했어요?
   올리비아: 5년 만에 대학교를 졸업했어요.
4) 에 릭: 얼마 만에 가족을 만났어요?
   올리비아: 육 개월 만에 가족을 만났어요.
5) 에 릭: 얼마 만에 영화를 봤어요?
   올리비아: 일주일 만에 영화를 봤어요.

-어/아/여 보다[1]

1) 친구: 흐엉 씨, 강에서 수영해 봤어요?
   흐엉: 네, 강에서 수영해 봤어요.
2) 친구: 스키를 타 봤어요?
   흐엉: 네, 스키를 타 봤어요.
3) 친구: 흐엉 씨, 설악산에 가 봤어요?
   흐엉: 아니요, 설악산에 가 보지 못했어요.
4) 친구: 한국 소설책을 읽어 봤어요?
   흐엉: 네, 읽어 봤어요.
5) 친구: 비빔밥을 만들어 봤어요?
   흐엉: 아니요, 만들어 보지 못했어요.

연습해 봅시다

1) 가: 얼마 만에 부산에 갔어요?
   나: 일 년 만에 부산에 갔어요.
   가: 부산에서 생선회를 먹어 봤어요?
   나: 네, 먹어 봤어요.
2) 가: 얼마 만에 놀이공원에 갔어요?
   나: 삼 년 만에 놀이공원에 갔어요.
   가: 롤러코스터를 타 봤어요?
   나: 네, 타 봤어요.
3) 가: 얼마 만에 베트남에 갔어요?
   나: 오 년 만에 베트남에 갔어요.
   가: 베트남 커피를 마셔 봤어요?
   나: 네, 마셔 봤어요.

3-2 관광지이기 때문에 언제나 사람이 많아요

어휘

1.

보기 저는 친구 만난 지 오래됐어요.	행복하다
1) 제 방 친구가 고향으로 돌아갔어요.	외롭다
2) 저는 다음 달에 결혼할 거예요.	기쁘다
3) 지난 생일에 선물을 많이 받았어요.	그립다
4) 친구가 약속 시간에 늦게 왔어요.	화가 나다

-기 때문에

1) 친구: 주앙 씨, 왜 운동을 안 했어요?
   주앙: 비가 오기 때문에 운동을 안 했어요.
2) 친구: 왜 그 식당에서 밥을 먹었어요?
   주앙: 음식이 맛있기 때문에 그 식당에서 밥을 먹었어요.
3) 친구: 왜 그 커피숍에 갔어요?
   주앙: 그 커피숍이 조용하기 때문에 거기에 갔어요.
4) 친구: 왜 선물을 샀어요?
   주앙: 내일이 흐엉 씨 생일이기 때문에 선물을 샀어요.
5) 친구: 왜 일찍 잤어요?
   주앙: 피곤하기 때문에 일찍 잤어요.

-는데/은데/ㄴ데[2]

1) 에릭 씨는 매운 음식을 잘 먹는데 리타오 씨는 매운 음식을 잘 못 먹어요.
2) 에릭 씨는 맥주를 마시는데 리타오 씨는 주스를 마셔요.
3) 에릭 씨는 조용한 음악을 좋아하는데 리타오 씨는 조용한 음악을 좋아하지 않아요.
4) 리타오 씨의 고향은 날씨가 추운데 에릭 씨의 고향은 더워요.
5) 에릭 씨는 숙제를 했는데 리타오 씨는 숙제를 안 했어요.

연습해 봅시다

1) 가: 에릭 씨, 왜 공항에 가요?
   나: 친구가 한국에 오기 때문에 가요.
   가: 친구가 한국말을 잘 해요?
   나: 제 친구는 영어는 잘하는데 한국말은 잘 못해요.
2) 가: 유키 씨, 왜 식당에 가요?
   나: 배가 고프기 때문에 가요.
   가: 그 식당 음식이 어때요?
   나: 불고기는 맛있는데 김치찌개는 맛이 없어요.
3) 가: 리타오 씨, 왜 도서관에 가요?
   나: 다음 주에 시험이 있기 때문에 도서관에 가요.
   가: 1급 때 시험이 어땠어요?
   나: 쓰기 시험은 쉬웠는데 듣기 시험은 좀 어려웠어요.

◆ 복습

1. 1) 별로 2) 구경거리 3) 오래된 4) 그리워져요
   5) 유명한 6) 푸른 7) 다녀왔어요.

1. 1) 가 보지 못했어요.
   2) 큰 생선 시장이 있기 때문에
   3) 1년 만에 고향에 가요.
   4) 어머니께서는 김치를 좋아하시는데 아버지께서는 김치를 좋아하시지 않아요.

4-1 방이 컸으면 좋겠어요

어휘

1. 1) 계약했어요 2) 이삿짐센터 3) 쌌어요 4) 정리했어요

2.

보기 분식집	김밥, 라면
1) 미용실	머리
2) 주유소	자동차
3) 공원	산책
4) 찜질방	샤워

-었으면/았으면/였으면 좋겠다

1) 저는 방학에 외국에 여행을 갔으면 좋겠어요.
2) 저는 아르바이트를 해서 새 컴퓨터를 샀으면 좋겠어요.
3) 저는 공원에서 결혼했으면 좋겠어요.
4) 저는 아이가 세 명 있었으면 좋겠어요.
5) 저는 시골에서 살았으면 좋겠어요.

-어야겠다/아야겠다/여야겠다[1]

1) 친구가 한국에 올 거예요. 공항에 가야겠어요.
2) 저는 배가 고파요. 식당에 가야겠어요.
3) 날씨가 추워요. 두꺼운 옷을 사야겠어요.
4) 돈이 없어요. 아르바이트를 해야겠어요.
5) 유키 씨 생일이에요. 선물을 사야겠어요.

연습해 봅시다

1) 가: 여름방학에 뭘 하고 싶어요?
   나: 제주도에 여행을 갔으면 좋겠어요.
   가: 여름에 제주도는 비가 많이 올 거예요.
   나: 그럼 우산을 가지고 가야겠어요.
2) 가: 일요일에 뭘 하고 싶어요?
   나: 영화를 봤으면 좋겠어요.
   가: 주말에는 극장에 사람이 많을 거예요.
   나: 그럼 예매를 해야겠어요.
3) 가: 생일에 뭘 하고 싶어요?
   나: 친구들과 파티를 했으면 좋겠어요.
   가: 친구들이 매운 음식을 못 먹을 거예요.
   나: 그럼 안 매운 음식을 만들어야겠어요.

4-2 새로 이사한 집은 어떤가요?

어휘

1.

보기 책장	서재	놓다
1) 세탁기	베란다	놓다
2) 거울	욕실	걸다
3) 식탁	부엌	놓다
4) 수건	현관	걸다

2. 생략

-는 중이다

1) 하　늘: 에릭 씨, 지금 뭐 하세요?
   에　릭: 저는 요리를 하는 중이에요.
2) 하　늘: 유키 씨는 뭐 하세요?
   유　키: 저는 운동을 하는 중이에요.
3) 하　늘: 흐엉 씨는 뭐 하세요?
   흐　엉: 저는 책을 읽는 중이에요.
4) 하　늘: 리타오 씨는 뭐 하세요?
   리타오: 저는 텔레비전을 보는 중이에요.
5) 하　늘: 존 씨는 뭐 하세요?
   존　　: 저는 커피숍에서 커피를 마시는 중이에요.

-나요/은가요/ㄴ가요?

1) 식사를 할 수 있나요?
2) 룸메이트와 사나요?
3) 냉장고가 방에 있나요?
4) 세탁기가 있나요?
5) 집이 학교에서 먼가요?

연습해 봅시다

1) 가: 리타오 씨, 지금 뭘 하세요?
   나: 숙제를 하는 중이에요.
   가: 언제 친구를 만나나요?
   나: 3시에 만날 거예요.
2) 가: 리아 씨, 요즘 뭘 하세요?
   나: 콘서트를 준비하는 중이에요.
   가: 콘서트를 언제 하나요?
   나: 9월 25일에 할 거예요.
3) 가: 흐엉 씨, 지금 뭘 하세요?
   나: 수업을 듣는 중이에요.
   가: 수업이 언제 끝나나요?
   나: 5시에 끝나요.

◆ 복습

1. 1) 불편해요　2) 이사했어요　3) 알아보　4) 주변
   5) 새로　6) 거의　7) 동네
2. 1) 어떤가요　2) 이사를 해야겠어요　3) 알아보
   4) 교통이 편리했으면

5-1 접시에 덜어서 한번 드셔 보세요

어휘

1. 1) 말아서　2) 비벼서　3) 식초를, 넣어서　4) 후추를, 뿌려서

-어/아/여 보다²

1) 맛있는 음식을 드셔 보세요.
2) 한국 친구를 사귀어 보세요.
3) 따뜻한 우유를 드셔 보세요.
4) 꽃다발을 선물해 보세요.
5) 명동에 가 보세요.

-는데/은데/ㄴ데³

1) 이 구두는 크리스마스 선물로 받았는데 예쁘고 편해요.
2) 이 가방은 2년 전에 동대문 시장에서 샀는데 크고 튼튼해서 좋아요.
3) 이 책은 제가 가장 좋아하는 책인데 아주 재미있어요.
4) 이 옷은 한 번도 안 입은 새 옷인데 예쁘고 가벼워요.
5) 이 모자는 친구한테서 선물로 받은 것인데 그림이 아주 귀여워요.

연습해 봅시다

1) 가: 무슨 음식을 먹으면 좋을까요?
   나: 삼계탕을 드셔 보세요.
   가: 삼계탕은 어떤 음식이에요?
   나: 닭고기로 만드는데 아주 맛있어요.
2) 가: 어디에서 쇼핑을 하면 좋을까요?
   나: 남대문 시장에 가 보세요.
   가: 남대문 시장은 어떤 곳이에요?
   나: 신촌에서 가까운데 물건이 많고 값도 싸요.
3) 가: 어디에 놀러 가면 좋을까요?
   나: 코엑스(COEX)에 가 보세요.
   가: 코엑스(COEX)는 어떤 곳이에요?
   나: 삼성역 근처에 있는데 재미있는 것들이 많아요.

5-2 불고기를 만들어 본 적이 있어요?

어휘

1. 1) 소고기, 버섯, 양파, 파, 당근
   2) 닭고기
   3) 된장, 버섯, 양파, 파
   4) 돼지고기
2. 1) 생선을 구워서/끓여서/쪄서 먹습니다.
   2) 만두를 구워서/끓여서/쪄서 먹습니다.
   3) 감자를 구워서/볶아서/삶아서/쪄서/튀겨서 먹습니다.
   4) 국수를 볶아서/삶아서 먹습니다.

-은 적이 있다(없다)

1) 유　키: 저는 찜질방에 간 적이 있어요.
2) 흐　엉: 저는 등산을 한 적이 있어요.
3) 레　오: 저는 휴대 전화를 잃어버린 적이 있어요.
4) 리타오: 저는 유명한 가수와 사진을 찍은 적이 있어요.
5) 노　라: 저는 매운 떡볶이를 먹은 적이 있어요.

에다가

1) 로보: 가방을 어디에다가 둘까요?
   흐엉: 의자 위에다가 두세요.
2) 로보: 책을 어디에다가 꽂을까요?
   흐엉: 책장에다가 꽂으세요.
3) 로보: 달력을 어디에다가 걸까요?
   흐엉: 책상 옆에 있는 벽에다가 거세요.
4) 로보: 쓰레기를 어디에다가 버릴까요?
   흐엉: 쓰레기통에다가 버리세요.
5) 로보: 주스를 어디에다가 넣을까요?
   흐엉: 냉장고 안에다가 넣으세요.

∴ 연습해 봅시다

1) 가: 볶음밥을 만들어 본 적이 있어요?
   나: 네, 만들어 본 적이 있어요.
   가: 어떻게 만드는 거예요?
   나: 먼저 프라이팬에다가 기름을 넣고 밥과 채소를 볶으세요.
   그리고 소금을 조금 뿌리세요.
2) 가: 설렁탕을 먹어 본 적이 있어요?
   나: 네, 먹어 본 적이 있어요.
   가: 어떻게 먹는 거예요?
   나: 설렁탕에다가 밥을 말아서 드세요.
3) 가: 만두를 먹어 본 적이 있어요?
   나: 네, 먹어 본 적이 있어요.
   가: 어떻게 먹는 거예요?
   나: 간장에다가 만두를 찍어서 드세요.

◆ 복습

1. 1) 프라이팬 2) 볶아서 3) 덜어서 4) 소고기를
   5) 참기름을 6) 보
2. 1) 가 본 적이 있어요. 2) 갔는데 3) 자전거를 타 보세요.
   4) 에다가

6-1 큰 마트니까 아마 팔 거예요

∴ 어휘

1. 1) 냉동식품을 2) 음료를 3) 식료품은 4) 채소를

-을까요/ㄹ까요?[3]

1) 유 키: 저 안에 무엇을 넣었을까요?
   올리비아: 술을 넣었을 것 같아요.
2) 유 키: 값이 비쌀까요?
   올리비아: 네, 많이 비쌀 것 같아요.
3) 유 키: 저건 소리가 어떨까요?
   올리비아: 저건 소리가 아름다울 것 같아요.
4) 유 키: 저건 어디에 걸까요?
   올리비아: 아마 창문 앞에 걸 것 같아요.
5) 유 키: 소리가 시끄러울까요?
   올리비아: 아니요, 시끄럽지 않을 것 같아요.

-을/ㄹ 거예요[2]

1) 노라: 어떤 노래를 많이 부를까요?
   윤아: 빠르고 재미있는 노래를 많이 부를 거예요.
2) 노라: 사람들이 춤도 출까요?
   윤아: 네, 춤도 출 거예요.
3) 노라: 저 노래 대회가 재미있을까요?
   윤아: 많은 사람들이 오면 재미있을 거예요.
4) 노라: 노래 대회를 할 때 날씨가 춥지 않을까요?
   윤아: 꽃이 필 때니까 춥지 않을 거예요.
5) 노라: 리타오 씨도 나갈까요?
   윤아: 리타오 씨는 가수가 되고 싶어 하니까 아마 나갈 거예요.

∴ 연습해 봅시다

1) 가: 저 백화점 어때요?
   나: 아주 좋네요.
   가: 좋은 물건이 많이 있을까요?
   나: 큰 백화점이니까 많이 있을 거예요.
2) 가: 저 선수 어때요?
   나: 아주 잘하네요.
   가: 이번 대회에서 1등을 할 수 있을까요?
   나: 잘하니까 1등을 할 수 있을 거예요.
3) 가: 저 남자 어때요?
   나: 아주 잘생겼네요.
   가: 여자 친구가 있을까요?
   나: 아마 있을 거예요.

6-2 친구가 힘들어할 것 같아요

∴ 어휘

1. 1) 가: 거실에 놓을 소파를 사려고 해요.
   나: 그럼 6층에 있는 가구 매장으로 가세요.
   2) 가: 졸업식 때 입을 치마를 사려고 해요.
   나: 그럼 2층에 있는 여성복 매장으로 가세요.
   3) 가: 여름휴가 때 입을 수영복을 사려고 해요.
   나: 그럼 4층에 있는 스포츠용품 매장으로 가세요.
   4) 가: 이사 간 집에 놓을 세탁기를 사려고 해요.
   나: 그럼 5층에 있는 가전제품 매장으로 가세요.
2. 1) 윤아 씨는 모자를 쓰고 장갑을 끼고 있습니다.
   2) 에릭 씨는 양복을 입고 시계를 차고 있습니다. 그리고
   양말과 구두를 신고 있습니다.
   3) 흐엉 씨는 목걸이와 귀걸이를 하고 있습니다. 그리고
   반지를 끼고 있습니다.
   4) 올리비아 씨는 안경을 쓰고 핸드백을 들고 있습니다.
   그리고 스타킹과 구두를 신고 있습니다.

-는데/은데/ㄴ데[4]

1) 우진: 저는 고향이 대구인데 유키 씨는 고향이 어디예요?
   유키: 제 고향은 도쿄예요.
2) 우진: 이 음식은 좀 매운데 먹을 수 있어요?
   유키: 저는 매운 음식을 잘 먹어요.
3) 유키: 저는 신촌에 사는데 우진 씨는 어디에 사세요?:
   우진: 저는 홍대 근처에 살아요.
4) 유키: 양복이 멋있는데 어디에서 샀어요?
   우진: 이탈리아에서 샀어요.
5) 유키: 저는 호주에서 공부했는데 우진씨는 호주에 가 본 적이
   있어요?
   우진: 네, 여행을 가 봤어요.

-어하다/아하다/여하다

1) 윤아: 요즘에 유키 씨는 어떻게 지내요?
   존 : 남자 친구를 사귀어서 행복해해요.
2) 윤아: 요즘에 올리비아 씨는 어떻게 지내요?
   존 : 한국어 공부를 재미있어해요.
3) 윤아: 요즘에 노라 씨는 어떻게 지내요?
   존 : 고향에 계신 부모님을 그리워해요.
4) 윤아: 요즘에 리타오 씨는 어떻게 지내요?
   존 : 할 일이 없어서 심심해해요.
5) 윤아: 요즘에 흐엉 씨는 어떻게 지내요?
   존 : 친구가 없어서 외로워해요.

연습해 봅시다

1) 가: 여자 친구와 데이트를 하는데 무슨 영화를 보면 좋을까요?
나: 코미디 영화를 보세요.
가: 코미디 영화요? 여자 친구가 좋아할까요?
나: 여자 친구가 재미있어할 거예요.
2) 가: 친구들과 파티를 하는데 무슨 음식을 만들까요?
나: 불고기를 만드세요.
가: 불고기요? 친구들이 좋아할까요?
나: 친구들이 맛있어할 거예요.
3) 가: 친구 생일인데 무슨 선물을 줄까요?
나: 케이크를 만들어서 주세요.
가: 케이크요? 친구가 좋아할까요?
나: 만들어서 주면 친구가 기뻐할 거예요.

◆ 복습

1. 1) 매장 2) 비누를 3) 할인을 4) 이불과 5) 생수
6) 항상 7) 파는

2. 1) 맛있어하실 2) 괜찮을까요?
3) 다른 음식을 드실 수 있을
4) 좋은 물건도 살 수 있을까요?

7-1 이 검은색 반바지를 입어 봐도 돼요?

어휘

1. 1) 검은색 양복 2) 보라색 티셔츠, 회색 치마
3) 흰색 점퍼, 청바지 4) 하늘색 운동복

-어도/아도/여도 되다

1) 노 라: 교과서를 안 가지고 왔는데 같이 봐도 돼요?
흐 엉: 네, 봐도 돼요.
2) 흐 엉: 목이 마른데 이 물을 마셔도 돼요?
노 라: 네, 마셔도 돼요.
3) 주 앙: 자리가 없는데 여기에 앉아도 돼요?
유 키: 네, 앉아도 돼요.
4) 유 키: 좀 추운데 에어컨을 꺼도 돼요?
주 앙: 네, 꺼도 돼요.
5) 에 릭: 선생님, 모르는 것을 질문해도 돼요?
선생님: 네, 질문해도 돼요.

-으면/면 안 되다

1.

보기 도서관	그림을 만지다
1) 식당	쓰레기를 버리다
2) 미술관	떠들다
3) 버스	뛰다
4) 공원	전화를 하다
5) 영화관	커피를 들고 타다

1) 식당에서는 뛰면 안 됩니다.
2) 미술관에서는 그림을 만지면 안 됩니다.
3) 버스에 커피를 들고 타면 안 됩니다.
4) 공원에서 쓰레기를 버리면 안 됩니다.
5) 영화관에서 전화를 하면 안 됩니다.

연습해 봅시다

1) 가: 비행기 안에서 전화를 해도 돼요?
나: 아니요, 전화를 하면 안 됩니다.
가: 그럼 노트북은 해도 돼요?
나: 네, 노트북은 해도 됩니다.
2) 가: 건물 안에서 담배를 피워도 돼요?
나: 아니요, 담배를 피우면 안 됩니다.
가: 그럼 건물 밖에서는 피워도 돼요?
나: 네, 피워도 됩니다.
3) 가: 기숙사 방에서 요리해도 돼요?
나: 아니요, 요리를 하면 안 됩니다.
가: 그럼 지하 1층 요리실에서는 요리해도 돼요?
나: 네, 요리를 해도 됩니다.

7-2 가방이 얼마나 가벼운지 몰라요

어휘

1. 1) 귀여운 디자인의 티셔츠, 어두운 색깔의 반바지
2) 단순한 디자인의 티셔츠, 밝은 색깔의 치마
3) 사이즈가 맞는 티셔츠, 사이즈가 큰 바지
4) 비슷한 모양과 색깔의 양복

ㅎ동사

1) 유키 씨가 하얀 원피스를 입고 노란 목걸이를 했어요.
2) 리타오 씨가 빨간 반바지를 입고 파란 시계를 찼어요.
3) 흐엉 씨가 노란 치마를 입고 빨간 가방을 들었어요.
4) 노라 씨가 까만 티셔츠를 입고 까만 귀걸이를 했어요.
5) 주앙 씨가 하얀 양복을 입고 하얀 구두를 신었어요.

얼마나 -는지/은지/ㄴ지 모르다

1) 우리 반 친구 에릭 씨예요. 여자들에게 얼마나 인기가 많은지 몰라요.
2) 우리 반 친구 유키 씨예요. 얼마나 똑똑한지 몰라요.
3) 우리 반 친구 노라 씨예요. 한국 노래를 얼마나 많이 아는지 몰라요.
4) 우리 반 친구 올리비아 씨예요. 공부를 얼마나 잘하는지 몰라요.
5) 우리 반 친구 존 씨예요. 운동을 얼마나 많이 하는지 몰라요.

연습해 봅시다

1) 가: 그 빨간 사과를 어디에서 샀어요?
나: 시장에서 샀어요.
가: 사과가 달아요?
나: 네, 얼마나 단지 몰라요.
2) 가: 그 노란 모자를 어디에서 샀어요?
나: 홍대 길에서 샀어요.
가: 모자가 따뜻해요?
나: 네, 얼마나 따뜻한지 몰라요.
3) 가: 그 만화책을 어디에서 샀어요?
나: 학교 서점에서 샀어요.
가: 만화책이 재미있어요?
나: 네, 얼마나 재미있는지 몰라요.

◆ 복습

1. 1) 멋있어서 2) 마음에 들었어요 3) 빨개졌어요
4) 갈아입 5) 유행이어서

2. 1) 빨간 2) 맛있는지 3) 먹어 봐도 4) 먹으면

8-1 반 모임을 7시쯤 시작할까 해

어휘

1.

보기 춤을 배우고 싶어요.		환영회를 하다
1) 동호회에 사람들이 들어왔어요.		동아리에 들다
2) 대학교 동창들을 만나고 싶어요.		송별회를 하다
3) 외국 친구가 고향에 돌아가요.		뒤풀이를 하다
4) 노래 대회가 끝났어요.		동창회에 가다

1) 동호회에 사람들이 들어와서 환영회를 했어요.
2) 대학교 동창들을 만나고 싶어서 동창회에 갔어요.
3) 외국 친구가 고향에 돌아가서 송별회를 했어요.
4) 노래 대회가 끝나서 뒤풀이를 했어요.

-어/아/여, 이야/야(비격식체 반말)

1) 흐엉: 강아지가 몇 살이야?
유키: 다섯 살이야.
2) 흐엉: 강아지는 지금 어디에서 살아?
유키: 부모님하고 같이 일본에서 살아.
3) 흐엉: 강아지가 무슨 음식을 좋아해?
유키: 고기를 좋아해.
4) 흐엉: 강아지하고 같이 뭘 했어?
유키: 우리 동네에 있는 공원에서 자주 산책했어.
5) 흐엉: 강아지하고 같이 무엇을 하고 싶어?
유키: 같이 여행을 가고 싶어.

-을까/ㄹ까 하다

1) 흐엉: 누구하고 같이 갈 거야?
유키: 우진 씨와 갈까 해.
2) 흐엉: 무슨 옷을 입고 갈 거야?
유키: 편한 운동복을 입고 갈까 해.
3) 흐엉: 한강 공원에서 뭘 할 거야?
유키: 자전거를 탈까 해.
4) 흐엉: 가서 뭘 먹을 거야?
유키: 한강 옆에서 피자와 맥주를 먹을까 해.
5) 흐엉: 한강 공원에 어떻게 갈 거야?
유키: 버스를 타고 갈까 해.

연습해 봅시다

1) 가: 오늘 오후에 뭘 할 거야?
나: 도서관에 가서 숙제를 할까 해.
가: 도서관은 어때?
나: 넓고 책도 많아.
2) 가: 이번 주말에 뭘 할 거야?
나: 한국 친구들과 등산을 갈까 해.
가: 등산은 어때?
나: 아주 재미있어.
3) 가: 이번 방학에 뭘 할 거야?
나: 편의점에서 아르바이트를 할까 해.
가: 아르바이트는 어때?
나: 힘들어.

8-2 세제나 휴지를 사 가지고 가

어휘

1. 1) 찻잔, 접시 2) 꽃바구니, 향초
3) 화분, 꽃바구니 4) 벽시계, 향초

-어/아/여 가지고

1) 레오 씨 아내가 꽃을 사 가지고 부케를 만들었어요.
2) 레오 씨 아내가 과자를 구워 가지고 결혼식 손님들에게 선물로 줬어요.
3) 레오 씨가 편지를 써 가지고 결혼식 때 손님들 앞에서 읽었어요.
4) 레오 씨가 노래 연습을 해 가지고 결혼식 때 노래를 불렀어요.
5) 레오 씨와 아내가 사진을 찍어 가지고 앨범을 만들었어요.

-지 마

1) 졸지 마.
2) 떠들지 마.
3) 앞자리를 발로 차지 마.
4) 껌을 씹지 마.
5) 휴대폰으로 사진을 찍지 마.

연습해 봅시다

1) 가: 꽃을 사 가지고 누구에게 줄 거야?
나: 병원에 있는 아픈 친구에게 줄 거야.
가: 꽃은 아픈 사람에게 안 좋을 수 있으니까 꽃은 주지 마.
과일을 사 가지고 가.
나: 알았어.
2) 가: 음식을 만들어 가지고 뭘 할 거야?
나: 친구들과 같이 파티할 거야.
가: 만들기 힘드니까 갈비찜은 만들지 마.
만들기 쉬운 샤부샤부를 만들어.
나: 알았어.
3) 가: 초콜릿을 만들어 가지고 뭘 할 거야?
나: 남자친구에게 줄 거야.
가: 남자들은 단 거를 안 좋아하니까 초콜릿은 주지 마.
넥타이나 목도리를 줘.
나: 알았어.

◆ 복습

1. 1) 시작하려고 2) 쓰 3) 어울리 4) 필요한
5) 도움이 6) 분위기 7) 초대할 8) 기대를

2. 1) 입을까 해요
2) 좋은 생각이야
3) 하얀 옷은 빌리지 마
4) 한국에서는 보통 손님들이 신부하고 같은 색 옷을 입지 않아

9-1 회사 일 끝나고 바로 갈게

어휘

1. 생략

-는다/ㄴ다/다, -니?(격식체 반말)

1) 공부는 힘들지 않니?
2) 잘 먹고 운동도 열심히 해야 한다.
3) 다음 주 금요일은 엄마 생일이다.
4) 바쁘겠지만 집에 오면 좋겠다.
5) 엄마는 세상에서 하늘이를 제일 사랑하는 사람이 아니니?

-을게요/ㄹ게요

1) 윤아: 내가 회비를 모을게.
2) 존 : 내가 초대하는 메일을 보낼게.
3) 노라: 내가 선배들에게 연락할게.
4) 유키: 내가 꽃다발을 살게.
5) 에릭: 내가 환영회에서 사진을 찍을게.

연습해 봅시다

1) 윤아야, 이번에는 다른 일이 있어서 여행을 갈 수 없었다. 약속을 지키지 못해서 미안하다. 다음에는 꼭 같이 여행을 갈게.
2) 우진아, 결혼을 축하한다. 네가 드디어 결혼을 하는구나. 결혼식에 꼭 갈게.
3) 준호야, 이사를 도와줘서 고맙다. 너희들 때문에 이사를 편하게 잘했다. 집들이를 할 때 꼭 초대할게.

9-2 회사에 급한 일이 생겨서 출장을 가게 됐어

어휘

1. 1) 유키: 에릭 씨, 제주도에 며칠 있을 거예요?
   에릭: 사흘 있을 거예요.
   2) 유키: 에릭 씨, 오사카에 며칠 있을 거예요?
   에릭: 나흘 있을 거예요.
   3) 유키: 에릭 씨, 도쿄에 며칠 있을 거예요?
   에릭: 닷새 있을 거예요.
   4) 유키: 에릭 씨, 하와이에 며칠 있을 거예요?
   에릭: 열흘 있을 거예요.

-어라/아라/여라, -자(격식체 반말)

1) 민수야, 쓰레기는 쓰레기통에 버려라.
2) 영수야, 다음 주에 시험이 있으니까 같이 공부하자.
3) 강준아, 동아리 방에서는 음식을 먹지 마라.
4) 윤아야, 이야기할 때는 휴대 전화를 보지 마라.
5) 보라야, 동아리 방이 시원하니까 에어컨을 켜지 말자.

-게 되다

1) 아나운서: 어떻게 부인을 만나게 됐습니까?
   레 오: 아내가 프랑스에 유학을 와서 만나게 됐습니다.
2) 아나운서: 왜 부인을 좋아하게 됐습니까?
   레 오: 착하고 예뻐서 좋아하게 됐습니다.
3) 아나운서: 어떻게 요리를 배우게 됐습니까?
   레 오: 부모님이 고향에서 식당을 하셔서 배우게 됐습니다.
4) 아나운서: 왜 한국에서 식당을 열게 됐습니까?
   레 오: 아내가 서울에서 살고 싶어 해서 한국에서 식당을 하게 됐습니다.
5) 아나운서: 어떻게 한국말을 잘하게 됐습니 까?
   레 오: 한국어학당에서 열심히 공부해서 한국말을 잘하게 됐습니다.

연습해 봅시다

1) 가: 왜 회사를 그만두게 됐어?
   나: 회사 일이 힘들어서 그만두게 됐어.
   가: 그렇구나. 일을 많이 했으니까 좀 쉬어라.
   나: 그래, 고마워.
2) 가: 왜 부산으로 이사 가게 됐어?
   나: 회사 일 때문에 부산으로 가게 됐어.
   가: 그렇구나. 이사 준비 잘 해라.
   나: 그래, 고마워.
3) 가: 왜 안경을 쓰게 됐어?
   나: 컴퓨터 게임을 많이 해서 안경을 쓰게 됐어.
   가: 이제 컴퓨터 게임을 너무 많이 하지 마라.
   나: 그래, 알았어.

◆ 복습

1. 1) 선배를 2) 오래간만 3) 벌써 4) 갑자기 5) 무척
   6) 바로 7) 급한 8) 생겨서 9) 지나
2. 1) 미국 대학원에 들어가고 싶어서 가게 됐습니다.
   2) 열심히 공부해라.
   3) 나도 자주 연락할게.
   4) 우리 같이 밥 한번 먹자.

10-1 지난주에 배운 것 좀 설명해 주실래요?

어휘

1. 1) 밀 2) 폈어요 3) 접었어요 4) 늘었어요

-을래요/ㄹ래요?

1) 에릭: 뭘 마실래요?
   수진: 전 카푸치노를 마실게요.
2) 에릭: 무슨 영화를 볼래요?
   수진: '가을날'이 좋을 것 같아요.
3) 수진: 무슨 노래를 부를래요?
   에릭: 전 '네가 좋아'를 부를게요.
4) 에릭: 저 공원에서 같이 걸을래요?
   수진: 좋아요. 저도 걷고 싶어요.
5) 수진: 저 분식집에서 같이 라면을 먹을래요?
   에릭: 좋아요. 저도 먹고 싶네요.

-었다가/았다가/였다가[1]

1) 유키 씨가 창문을 닫았다가 더워서 열었어요.
2) 흐엉 씨가 옷을 벗었다가 추워서 다시 입었어요.
3) 리타오 씨가 이름을 썼다가 잘못 써서 지웠어요.
4) 레오 씨가 휴대 전화를 켰다가 선생님이 들어오셔서 껐어요.

5) 존 씨가 교실에서 나갔다가 휴대 전화를 교실에 놓고 나가서 다시 들어왔어요.

∴ 연습해 봅시다

1) 가: 오늘 오후에 뭘 했어요?
나: 선글라스를 샀다가 바꿨어요.
가: 왜 바꿨어요?
나: 사이즈가 너무 커서 바꿨어요. 한번 껴 볼래요?
2) 가: 방학에 뭘 했어요?
나: 베트남에 갔다가 왔어요.
가: 왜 베트남에 갔어요?
나: 커피를 사려고 다녀왔어요. 베트남 커피를 한번 마셔 볼래요?
3) 가: 방금 뭐 했어요?
나: 노트북을 껐다가 다시 켰어요.
가: 왜 다시 켰어요?
나: 게임을 하려고 켰어요. 같이 게임할래요?

10-2 저, 실례합니다만 김 선생님 계십니까?

∴ 어휘

1. 1) 저, 길 좀 가르쳐 주시겠어요?
2) 음, 나도 잘 모르겠는데......
3) 어, 휴대 전화가 어디에 있지? 여기에 있었는데......
4) 저기, 물 좀 주세요.

-습니다만/ㅂ니다만

1) 사장: 에릭 씨, 우리가 지난주에 같이 간 식당 이름을 기억해요?
에릭: 죄송합니다만 기억이 안 납니다.
2) 선희: 에릭 씨, 회의 준비하는 것 좀 도와주세요.
에릭: 도와드리고 싶습니다만 제 일이 안 끝나서 좀 힘들 것 같습니다.
3) 선희: 에릭 씨, 주말에 김민우 선배 송별회에 가려고 하는데 같이 갈래요?
에릭: 가고 싶습니다만 주말에도 일을 해야 할 것 같습니다.
4) 부장: 에릭 씨, 오늘 일이 끝나고 같이 한잔 할까요?
에릭: 저도 마시고 싶습니다만 오늘 저녁에 일을 해야 합니다.
5) 부장: 에릭 씨, 사장님께 드릴 서류를 빨리 주세요.
에릭: 죄송합니다만 아직 끝내지 못했습니다.

-는지/은지/ㄴ지 알다(모르다)

1) 흐엉: 이 드라마에 누가 나오는지 알아요?
친구: 네, 알아요. 송시우하고 김혜지가 나와요.
2) 흐엉: 첫 방송은 언제 하는지 알아요?
친구: 네, 알아요. 9월 8일에 해요.
3) 흐엉: 이 드라마를 몇 시에 하는지 알아요?
친구: 네, 알아요. 오후 11시부터 11시 50분까지 해요.
4) 흐엉: 이 드라마를 어디에서 볼 수 있는지 알아요?
친구: 네, 알아요. 티브이엠(tvM)에서 볼 수 있어요.
5) 흐엉: 이 드라마가 무슨 이야기인지 알아요?
친구: 글쎄요, 잘 모르겠어요. 제목이 첫사랑이니까 사랑 이야기겠지요?

∴ 연습해 봅시다

1) 가: 실례합니다만 편의점이 어디에 있는지 아세요?
나: 한국은행 옆에 있어요.
가: 한국은행은 어디에 있는지 아세요?
나: 저기 꽃집 옆에 있어요.
2) 가: 죄송합니다만 저 사람이 누구인지 아세요?
나: 한국의 유명한 가수예요.
가: 무슨 노래를 불렀는지 아세요?
나: 잘 모르겠어요.
3) 가: 미안합니다만 에릭 씨 전화번호가 몇 번인지 알아요?
나: 010-1234-5678이에요.
가: 에릭 씨가 어디에 사는지 알아요?
나: 홍대 근처에 살아요.

◆ 복습

1. 1) 퇴근하셨습니다 2) 전해 3) 서류 4) 설명한 5) 부탁 6) 들어드리
2. 1) 갈래요? 2) 죄송합니다만 3) 누가 갈 수 있는지 4) 갔다가

연습 문제 답안

1-1 고향에 가서 즐겁게 지냈어요

어휘

1. 1) 지내 2) 점점 3) 즐겁 4) 오랜만이에요
   5) 익숙해졌어요

-게1

1. 1) 한가하게 지냅니다. 2) 맛있게 드십시오.
   3) 즐겁게 춤을 춥니다. 4) 재미있게 놀았습니다.
   5) 따뜻하게 옷을 입습니다.
2. 1) 깨끗하게 청소했어요. 2) 머리를 짧게 잘랐어요.
   3) 늦게 일어났어요. 4) 이름을 크게 썼어요.
   5) 재미있게 지내요.

-어지다/아지다/여지다

1. 1) 열심히 공부하면 한국말이 쉬워집니다.
   2) 운동을 많이 하면 건강이 좋아집니다.
   3) 방학이 되면 한가해집니다.
   4) 한국말을 잘하면 한국생활이 재미있어집니다.
   5) 컴퓨터 게임을 많이 하면 눈이 나빠집니다
2. 1) 옷이 깨끗해졌어요. 2) 시끄러워졌어요.
   3) 방이 더워졌어요. 4) 채소 값이 비싸졌어요.
   5) 가방이 없어졌어요.

1-2 한국말을 배운 지 세 달 됐어요

어휘

1. 1) 열심히 2) 신문방송학을 3) 전공했어요
   4) 졸업하 5) 대학원

-은/ㄴ 지

1. 1) 친구를 만난 지 일 년 됐어요.
   2) 태권도를 배운 지 한 달 됐어요
   3) 아르바이트를 한 지 일주일 됐어요.
   4) 이 집에서 산 지 육 개월 됐어요.
   5) 고향 음식을 먹은 지 두 달 됐어요.
2. 1) 전화한 지 일주일 됐어요.
   2) 그 친구를 만난 지 삼 년 됐어요.
   3) 차를 산 지 이 년 됐어요.
   4) 수영을 배운 지 십 년 됐어요.
   5) 기숙사에 산 지 한 달 됐어요.

-으려고/려고

1. 1) 친구에게 주려고 선물을 샀습니다.
   2) 좋은 컴퓨터를 사려고 아르바이트를 합니다.
   3) 맛있는 커피를 마시려고 커피숍에 갑니다.
   4) 저는 숙제를 하려고 도서관에 갑니다.
   5) 점심에 먹으려고 김밥을 샀습니다.
2. 1) 선생님께 드리려고 꽃을 삽니다.
   2) 친구와 같이 먹으려고 케이크를 만듭니다.
   3) 여행을 가려고 차를 빌려요.
   4) 농구를 하려고 운동화를 신었어요.
   5) 이메일을 보려고 컴퓨터를 켰어요.

2-1 친구가 정말 잘생겼네요

어휘

1. 1) 성격이 2) 잘생긴 3) 도와주세요 4) 연예인을
   5) 착해서

-네요

1. 1) 경치가 아름답네요.
   2) 영화가 재미있네요.
   3) 아이가 춤을 잘 추네요.
   4) 이 김치찌개가 좀 짜네요.
   5) 친구가 매운 음식을 잘 먹네요.
2. 1) 너무 맵네요.
   2) 정말 예쁘네요.
   3) 아주 똑똑하네요.
   4) 재미있네요.
   5) 집이 머네요.

-겠다2

1. 1) 아르바이트를 해서 바쁘겠어요.
   2) 점심 시간이어서 식당이 복잡하겠어요.
   3) 아침을 안 먹어서 배가 고프겠어요.
   4) 선물을 많이 받아서 기분이 좋겠어요.
   5) 영화가 재미있어서 극장에 사람이 많겠어요.
2. 1) 태권도를 잘하겠어요.
   2) 영어를 잘하겠어요.
   3) 손님이 많겠어요.
   4) 피곤하겠어요.
   5) 맛있겠어요.

2-2 우리 언니의 딸이에요

어휘

1. 1) 시청 2) 친척 3) 공무원 4) 이모예요 5) 조카예요

-을/ㄹ 때

1. 1) 사진을 찍을 때 예쁘게 웃으세요.
   2) 배가 아플 때 이 약을 드십시오.
   3) 시간이 있을 때 우리 집에 오세요.
   4) 저는 피곤할 때 커피를 마셔요.
   5) 제가 제주도에 갔을 때 이 가방을 샀어요.
2. 1) 비가 올 때 입어요.
   2) 한가할 때 전화하세요.
   3) 머리가 아플 때 이 약을 먹어요.
   4) 고향 음식을 먹을 때 어머니가 보고 싶어요.
   5) 할머니 댁에 갈 때 케이크를 가지고 가요.

의

1. 1) 우리 아버지의 시계입니다.
   2) 친구의 목소리가 좋습니다.
   3) 제 고향의 바다가 아름답습니다.
   4) 그 식당의 음식이 맛있습니다.
   5) 기숙사의 3층에 제 방이 있습니다.

2\. 1) 어머니의 구두입니다.
2) 우리 언니의 옷입니다.
3) 주앙 씨의 공책입니다.
4) 가수 리아의 노래를 좋아합니다.
5) 기숙사의 3층에 있습니다.

3-1 제주도에 가 봤어요?

어휘

1\. 1) 섬이어서 2) 푸른 3) 구경거리가 4) 다녀왔어요 5) 남해

만에

1\. 1) 한 달 만에 친구에게 전화를 했어요.
2) 일주일 만에 도서관에 갔어요.
3) 오 년 만에 대학교를 졸업했어요.
4) 삼 년 만에 회사를 그만두었어요.
5) 육 개월 만에 고향 음식을 먹었어요.

2\. 1) 오 일 만에 어머니께 전화를 했어요.
2) 일주일 만에 운동을 했어요.
3) 이 주일 만에 영화를 봤어요.
4) 한 달 만에 고향 친구를 만났어요.
5) 삼 주일 만에 등산을 했어요.

-어/아/여 보다

1\. 1) 저는 박물관에 가 봤습니다.
2) 저는 기숙사에서 살아 봤습니다.
3) 제 동생은 그 노래를 들어 봤습니다.
4) 리타오 씨, 그 책을 읽어 봤습니까?
5) 유키 씨, 떡볶이를 만들어 봤습니까?

2\. 1) 그 잡지를 읽어 봤어요.
2) 매운 닭갈비를 먹어 보지 못했어요.
3) 그 가수의 노래를 들어 보지 못했어요.
4) 동대문 시장에 가 봤어요.
5) 한국 차를 마셔 봤어요?

3-2 관광지이기 때문에 언제나 사람이 많아요

어휘

1\. 1) 관광지여서 2) 별로 3) 유명합니다
4) 그리워요 5) 오래돼서

-기 때문에

1\. 1) 오늘은 일요일이기 때문에 회사에 가지 않습니다.
2) 그 옷은 너무 비싸기 때문에 사지 않았습니다.
3) 오늘은 할 일이 많기 때문에 친구를 만날 수 없습니다.
4) 저는 비빔밥을 좋아하기 때문에 자주 먹습니다.
5) 오늘은 날씨가 춥기 때문에 두꺼운 옷을 입었습니다.

2\. 1) 배가 아프기 때문에 병원에 갔습니다.
2) 방학이기 때문에 사무실 문을 일찍 닫았습니다.
3) 음식이 맛있기 때문에 자주 갑니다.
4) 일이 많기 때문에 파티에 못 가요.
5) 비가 오기 때문에 교통이 복잡해요.

-는데/은데/ㄴ데

1\. 1) 저는 오늘은 바쁜데 내일은 한가합니다.
2) 이 가방은 아주 무거운데 저 가방은 가볍습니다.
3) 언니는 매운 음식을 잘 먹는데 동생은 잘 못 먹어요.
4) 저는 비빔밥을 좋아하는데 형은 닭갈비를 좋아합니다.
5) 제 친구는 제주도에 가 봤는데 저는 가 보지 못했습니다

2\. 1) '동문식당'은 가까운데 '서문식당'은 멀어요.
2) 농구는 잘하는데 수영은 잘 못해요.
3) 드라마는 재미있는데 스포츠는 재미없어요.
4) 제주도에는 가 봤는데 부산에는 못 가 봤어요.
5) 김치찌개는 매운데 삼계탕은 맵지 않아요.

4-1 방이 컸으면 좋겠어요

어휘

1\. 1) 룸메이트와 2) 이사하 3) 불편해요 4) 동네
5) 알아봤어요

-었으면/았으면/였으면 좋겠다

1\. 1) 저는 키가 더 컸으면 좋겠습니다.
2) 저는 그림을 잘 그렸으면 좋겠습니다.
3) 동생이 한국에 여행을 왔으면 좋겠습니다.
4) 아픈 친구가 빨리 건강해졌으면 좋겠습니다.
5) 제가 좋아하는 가수와 사진을 찍었으면 좋겠습니다.

2\. 1) 숙제가 없었으면 좋겠어요.
2) 언니가 행복하게 살았으면 좋겠어요.
3) 어머니를 만났으면 좋겠어요.
4) 여행사에서 일을 했으면 좋겠어요.
5) 노트북 컴퓨터를 샀으면 좋겠어요.

-어야겠다/아야겠다/여야겠다 1

1\. 1) 방이 더러워서 청소를 해야겠어요.
2) 집에 그 책이 없어서 도서관에서 빌려야겠어요.
3) 어머니께서 바쁘셔서 제가 도와드려야겠어요.
4) 날씨가 추워져서 따뜻한 옷을 사야겠어요.
5) 냉장고에 먹을 것이 없어서 시장에 가야겠어요.

2\. 1) 선물을 사야겠어요.
2) 저도 그 영화를 봐야겠어요.
3) 지하철을 타고 가야겠어요.
4) 맵지 않은 음식을 준비해야겠어요.
5) 가까운 곳으로 이사를 해야겠어요.

4-2 새로 이사한 집은 어떤가요?

어휘

1\. 1) 새로 2) 놓으세요 3) 주변
4) 거의 5) 세탁기가 6) 베란다가

-는 중이다

1\. 1) 저는 저녁을 먹는 중입니다.
2) 동생은 숙제를 하는 중입니다.
3) 저는 비행기 시간을 알아보는 중입니다.
4) 리타오 씨는 아르바이트를 하는 중입니다.
5) 어머니께서 지금 김밥을 만드시는 중입니다.

2. 1) 게임을 하는 중이에요..
2) 집에 가는 중이에요.
3) 쇼핑을 하는 중이에요.
4) 회의를 하시는 중입니다. (회의 중이십니다.)
5) 요리를 하는 중이에요.

-나요/은가요/ㄴ가요?

1. 1) 어디에서 점심을 먹나요?
2) 이 근처에 우체국이 있나요?
3) 그 옷을 어디에서 샀나요?
4) 미선 씨 고향은 날씨가 추운가요?
5) 노라 씨 동생은 대학생인가요?

2. 1) 학생식당 음식이 맛있나요?
2) 방학에 무엇을 하나요?
3) 어제 어디에서 숙제를 했나요?
4) 유키 씨, 어디에서 사나요?
5) 리타오 씨는 어느 나라 사람인가요?

5-1 접시에 덜어서 한번 드셔 보세요

어휘

1. 1) 접시가 2) 소고기와 3) 덜어서 4) 양념한
5) 갈비찜은 6) 명절

-어/아/여 보다²

1. 1) 한번 들어 보세요.
2) 한번 가 보세요.
3) 등산을 한번 해 보세요.
4) 한번 신어 보세요.
5) 한번 읽어 보세요.

2. 1) 한번 입어 볼까요?
2) 한번 먹어 볼까요?
3) 한번 드셔 보세요.
4) 그럼 설악산에 가 보세요.
5) 불고기나 잡채를 만들어 보세요.

-는데/은데/ㄴ데³

1. 1) 이 가방은 남대문 시장에서 샀는데 싸고 가볍습니다.
2) 우리 반은 여학생들이 많은데 모두 친절하고 열심히 공부합니다.
3) 저는 한강에 자주 가는데 한강에는 자전거를 타는 사람들이 많습니다.
4) 제 고향은 부산인데 바다가 아름답고 해산물이 맛있습니다.
5) 어제 비빔밥을 처음 먹어 봤는데 조금 맵지만 맛있었습니다.

2. 1) 제 고향은 제주도인데 경치가 아름답습니다.
2) 학생 식당에서 자주 먹는데 음식 값이 아주 쌉니다.
3) 동대문 시장에서 샀는데 예쁘고 아주 편합니다.
4) 우리 누나인데 요리를 잘합니다.
5) 놀이공원에 갔는데 아주 재미있었습니다.

5-2 불고기를 만들어 본 적이 있어요?

어휘

1. 1) 간을 2) 프라이팬을 3) 기름을 4) 참기름을
5) 고기를 6) 볶아서 7) 채소를 8) 봤는데

-은/ㄴ 적이 있다(없다)

1. 1) 저는 제주도에 간 적이 있습니다.
2) 유키 씨는 닭갈비를 먹은 적이 있습니다.
3) 흐엉 씨는 비빔밥을 만든 적이 있습니다.
4) 노라 씨는 혼자서 여행을 한 적이 있습니다.
5) 주앙 씨는 한국 노래를 들은 적이 있습니다.

2. 1) 수업에 늦은 적이 있어요.
2) 놀이공원에 간 적이 있어요.
3) 아르바이트를 한 적이 없어요.
4) 머리를 짧게 자른 적이 있어요.
5) 인터넷 게임을 해 본 적이 없어요.

에다가

1. 1) 옷걸이, 옷을
2) 책상 위, 책을
3) 세탁기, 빨래를
4) 병, 꽃을
5) 종이, 그림을

2. 1) 프라이팬에다가 구우세요.
2) 벽에다가 거세요.
3) 저쪽에 있는 책장에다가 꽂으세요.
4) 책상 옆에다가 두세요.
5) 식탁 위에다가 놓으세요.

6-1 큰 마트니까 아마 팔 거예요

어휘

1. 1) 비누로 2) 마트 3) 팔아요 4) 생수를
5) 이불을 6) 방석을

-을까요/ㄹ까요?³

1. 1) 날씨가 추울까요?
2) 에릭 씨는 몇 살일까요?
3) 윤아 씨가 집에 언제 올까요?
4) 브라질에 한국 사람이 많을까요?
5) 학생들이 몇 시까지 도착할 수 있을까요?

2. 1) 저 옷이 비쌀까요?
2) 저 사람이 끝까지 올라갈 수 있을까요?
3) 에릭 씨가 파티에 올까요?
4) 수업이 몇 시에 끝날까요?
5) 언제 꽃이 필까요?

-을/ㄹ 거예요

1. 1) 주말이니까 백화점이 복잡할 거예요.
2) 윤아 씨는 친절하니까 친구들이 좋아할 거예요.
3) 지금 저녁 7시니까 우진 씨는 집에 갔을 거예요.
4) 에릭 씨는 고기를 좋아하니까 불고기를 잘 먹을 거예요.
5) 민호 씨는 중국어를 전공하니까 중국어를 잘할 거예요.

2. 1) 아마 비가 올 거예요.
2) 방학이니까 자리가 많을 거예요.
3) 집에 없으니까 전화를 안 받을 거예요.

4) 열심히 공부했으니까 시험을 잘 볼 거예요.
5) 주앙 씨는 인기가 많으니까 친구들이 많이 올 거예요.

6-2 옷을 사고 싶은데 어디에 가면 좋을까요?

어휘

1. 1) 항상 2) 세일할 3) 할인을 4) 매장이 5) 상품이에요

-는데/은데/ㄴ데⁴

1. 1) 하늘 씨는 키가 큰데 동생도 키가 커요?
2) 유키 씨가 학교에 안 왔는데 무슨 일이 있어요?
3) 불고기가 맛있는데 어떻게 만들었어요?
4) 날씨가 추운데 따뜻한 옷이 있어요?
5) 오늘은 일요일인데 회사에 왜 가요?

2. 1) 오늘 옷을 예쁘게 입었는데 데이트가 있어요?
2) 오늘 날씨가 좋은데 밖에 안 나가요?
3) 머리가 아픈데 약이 있어요?
4) 치마가 좀 짧은데 더 긴 치마가 있을까요?
5) 피자가 맛있는데 유키 씨는 안 먹어요?

-어하다/아하다/여하다

1. 1) 슬퍼합니다 2) 미안해했어요 3) 부러워해요
4) 반가워했어요 5) 귀여워하십니다

2. 1) 학생들이 시험을 어려워했어요.
2) 유키 씨가 고마워했어요.
3) 친구들이 즐거워했어요.
4) 리카오 씨가 부끄러워했어요.
5) 운전하는 것을 무서워해요.

7-1 이 검은 색 반바지를 입어 봐도 돼요?

어휘

1. 1) 반바지를 2) 흰색 3) 갈아입 4) 특별히 5) 유행이어서

-어도/아도/여도 되다

1. 1) 교실에서 모자를 써도 됩니다.
2) 오늘은 집에 일찍 가도 됩니다.
3) 방에 있는 에어컨을 켜도 됩니다.
4) 우리 하숙집에서는 요리해도 됩니다.
5) 이 가게에 있는 옷을 입어 봐도 됩니다.

2. 1) 읽어도 됩니다.
2) 해도 됩니다.
3) 마셔도 됩니다.
4) 더운데 창문을 열어도 돼요?
5) 텔레비전을 봐도 돼요?

-으면/면 안 되다

1. 1) 지하철에서 뛰면 안 됩니다.
2) 지하철에서 술을 마시면 안 됩니다.
3) 지하철에서 담배를 피우면 안 됩니다.
4) 지하철에서 쓰레기를 버리면 안 됩니다.
5) 지하철에서 다른 사람이 내리기 전에 타면 안 됩니다.

2. 1) 지금 가면 안 됩니다.
2) 내일 늦게 오면 안 돼요.
3) 여기에서 사진을 찍으면 안 됩니다.
4) 밥을 먹기 전에 약을 먹으면 안 돼요.
5) 커피를 마시면 안 됩니다.

7-2 가방이 얼마나 가벼운지 몰라요

어휘

1. 1) 빨간 2) 멋있는 3) 마음에 들었어요 4) 사이즈가
5) 첫 6) 월급으로 7) 주머니가

ㅎ동사

1.

	-습니까/ㅂ니까?	-어요/아요/여요	-어서/아서/여서	-으면/면	-은/ㄴ
하얗다	하얗습니까?	하얘요	하얘서	하야면	하얀
까맣다	까맣습니까?	까매요	까매서	까마면	까만
빨갛다	빨갛습니까?	빨개요	빨개서	빨가면	빨간
파랗다	파랗습니까?	파래요	파래서	파라면	파란
노랗다	노랗습니까?	노래요	노래서	노라면	노란
어떻다	어떻습니까?	어때요	어때서	어떠면	어떤
이렇다	이렇습니까?	이래요	이래서	이러면	이런
저렇다	저렇습니까?	저래요	저래서	저러면	저런
그렇다	그렇습니까?	그래요	그래서	그러면	그런

1) 노란 2) 어땠어요? 3) 빨개요
4) 그런 5) 파래져요

2. 1) 하얀 2) 파란 3) 까만 4) 노란 5) 빨간

얼마나 -는지/은지/ㄴ지 모르다

1. 1) 친구 동생이 얼마나 귀여운지 몰라요.
2) 주앙 씨가 춤을 얼마나 잘 추는지 몰라요.
3) 학생 식당이 싸고 맛있어서 얼마나 자주 가는지 몰라요.
4) 고향 집에 가서 음식을 얼마나 많이 먹었는지 몰라요.
5) 의자에 앉아서 오래 공부하기가 얼마나 힘든지 몰라요.

2. 1) 얼마나 예쁜지 몰라요.
2) 바람이 얼마나 많이 부는지 몰라요.
3) 흐엉 씨가 얼마나 요리를 잘하는지 몰라요.
4) 전화를 얼마나 자주 하시는지 몰라요.
5) 술을 얼마나 많이 마셨는지 몰라요.

8-1 모임을 7시쯤 시작할까 해

어휘

1. 1) 모임을 2) 기대가 3) 필요합니다 4) 초대해
5) 시작하려고 6) 도움을

-어/아/여(비격식체 반말)

1. 1) 내 고향은 제주도야.
2) 하늘아, 어디에 가?
3) 내 동생은 날마다 운동해.
4) 윤아야, 내일 일찍 와.
5) 선희야, 우리 같이 학교에 가.

2. 1) 힘들지 않아.
2) 운동을 하거나 영화를 봐.
3) 고향에 다녀왔어.
4) 내 생일은 6월 15일이야.
5) 친구들하고 집에서 파티를 할 거야.

-을까/ㄹ까 하다

1. 1) 졸업하고 일할까 해요.
2) 방학 때 부산에 갈까 해요.
3) 내일은 집에서 쉴까 해요.
4) 점심을 먹고 책을 읽을까 해요.
5) 오늘 저녁에 피자를 먹을까 해요.

2. 1) 순두부찌개를 먹을까 해.
2) 컴퓨터 게임을 할까 해.
3) 내년에 할까 해요.
4) 커피숍에서 공부할까 해요.
5) 남산에 갈까 해요.

8-2 세제나 휴지를 사 가지고 가

어휘

1. 1) 찻잔 2) 집들이 3) 어울리 4) 선배 5) 부인이십니다
6) 주방용품을 7) 분위기가 8) 씁니다

-어/아/여 가지고

1. 1) 샌드위치를 만들어 가지고 소풍을 갔어요.
2) 돈을 모아 가지고 좋은 가방을 샀어요.
3) 한국어를 공부해 가지고 대학교에 들어갈 거예요.
4) 한복을 빌려 가지고 설날에 입을 거예요.
5) 편지를 써 가지고 부모님께 보냈어요.

2. 1) 케이크를 사 가지고 갔어요.
2) 한국어를 배워 가지고 한국 회사에 들어가고 싶어요.
3) 빌려 가지고 읽었어요.
4) 사진을 찍어 가지고 친구에게 보여줬어요.
5) 밥에다가 고추장을 넣어 가지고 비벼서 먹어요.

-지 마

1. 1) 거기에는 들어가지 마.
2) 너무 늦게 전화하지 마.
3) 비 오는 날에는 뛰지 마.
4) 날씨가 추우니까 창문을 열지 마.
5) 공부할 때는 시끄러운 음악을 듣지 마.

2. 1) 켜 2) 많이 마시 3) 택시를 타지 마.
4) 소금을 더 넣지 마. 5) 여기에서 사진을 찍지 마.

9-1 회사 일 끝나고 바로 갈게

어휘

1. 1) 그래 2) 지나 3) 바로 4) 벌써 5) 드디어 6) 무척

-는다/ㄴ다/다(격식체 반말)

1. 1) 에릭 씨는 날마다 아침 7시에 일어난다.
2) 내 여동생은 아주 예쁘다.
3) 윤아 씨가 어제 학교에서 열심히 공부했다.
4) 나는 한국 사람이다.
5) 우진아, 어디에 가니?

2. 1) 수업이 없어서 학교에 안 가니까 편하기도 하지만 조금 심심하다.
2) 처음에는 한국어 공부하기가 힘들었지만 요즘에는 단어도 많이 알고 점점 잘 들을 수 있으니까 공부가 재미있다.
3) 빨리 내일이 와서 학교에 갔으면 좋겠다.
4) 요즘에는 노래 연습과 춤 연습도 열심히 한다.
5) 한국어도 잘 하고 빨리 가수가 돼서 한국 텔레비전에 나오는 유명한 사람이 되고 싶다.

-을게요/ㄹ게요

1. 1) 3시에 전화할게요.
2) 밤에는 일하지 않을게.
3) 자기 전에 꼭 세수할게요.
4) 오늘은 내가 커피를 살게.
5) 이제 담배를 피우지 않을게요.

2. 1) 숙제를 가지고 올게.
2) 운동할게.
3) 꼭 이를 닦을게.
4) 단 것을 너무 많이 먹지 않을게.
5) 이번 토요일에 갈게.

9-2 회사에 급한 일이 생겨서 출장을 가게 됐어

어휘

1. 1) 후 2) 이틀 3) 갑자기 4) 생겼어요
5) 급한 6) 섭섭했다 7) 뵙

-어라/아라/여라, -자

1. 1) 잘 자라.
2) 휴대 전화를 꺼라.
3) 같이 노래방에 가자.
4) 인터넷을 너무 많이 하지 마라.
5) 날씨가 안 좋으니까 밖에 나가지 말자.

2. 1) 다음 주에 시험이 있으니까 같이 공부하자.
2) 다른 학생들이 공부하니까 좀 조용히 해라.
3) 더우면 창문을 열어라.
4) 가까우니까 걸어서 가자.
5) 심심하면 텔레비전을 봐라.

-게 되다

1. 1) 학교를 그만두게 됐어요.
2) 아르바이트를 하게 됐어요.
3) 이 하숙집에서 살게 됐어요.
4) 좋은 대학교에 들어가게 됐어요.
5) 말하기를 잘하게 됐어요.

2. 1) 영어를 배우
2) 아르바이트를 그만두
3) 친구가 소개해 줘서 사귀게 됐어요.
4) 어렸을 때부터 아버지와 같이 자주 쳐서 테니스를 잘 치게 됐어요.

5) 한국 역사 드라마에 나오는 사람들을 잘 알고 싶어서 한국 역사를 공부하게 됐어요.

10-1 지난주에 배운 것 좀 설명해 주실래요?

어휘

1. 1) 부탁이 2) 설명해 3) 빌려줄 4) 결석한 5) 들어줘서

-을래요/ㄹ래요?

1. 1) 무슨 책을 읽을래요?
   2) 문 좀 닫아 주실래요?
   3) 같이 한식집에 갈래요?
   4) 따뜻한 커피를 마실래요?
   5) 의자에 앉아서 좀 쉬실래요?
2. 1) 무슨 차를 마실래요?
   2) 볼펜 좀 빌려줄래요?
   3) 같이 가서 볼래요?
   4) 어제 배운 것을 가르쳐 줄래요?
   5) 이 과자가 맛있는데 한번 먹어 볼래요?

-었다가/았다가/였다가

1. 1) 잠깐 쉬었다가 다시 일을 시작했어요.
   2) 우산을 폈다가 접었어요.
   3) 침대에 누웠다가 일어났어요.
   4) 지갑을 잃어버렸다가 찾았어요.
   5) 찌개 그릇을 잡았다가 놓았어요.
2. 1) 에어컨을 켰다가 추워서 껐어요.
   2) 신발을 샀다가 너무 커서 바꿨어요.
   3) 일본에 갔다가 왔어요.
   4) 장갑을 꼈다가 더워서 벗었어요.
   5) 커피를 사려고 4층에 올라갔다가 내려왔어요.

10-2 저, 실례합니다만 김 선생님 계십니까?

어휘

1. 1) 저 2) 전해 3) 퇴근해도 4) 이미 5) 서류를

-습니다만/ㅂ니다만

1. 1) 죄송합니다만 내일 모임에는 올 수 없습니다.
   2) 실례합니다만 뭐 좀 물어봐도 될까요?
   3) 먹고 싶습니다만 배가 불러서 못 먹겠습니다.
   4) 물건은 좋습니다만 가격이 너무 비쌉니다.
   5) 노래는 잘 못합니다만 춤은 잘 춥니다.
2. 1) 만난 적은 있습니다만 잘 알지는 못합니다.
   2) 죄송합니다만 오늘은 바빠서 저녁을 먹기 어려울 것 같습니다.
   3) 준비를 많이 했습니다만 시험을 잘 볼 수 없을 것 같습니다.
   4) 어렸을 때 미국에서 배웠습니다만 많이 잊어버렸습니다.
   5) 미안합니다만 내일은 가기 힘들 것 같습니다.

-는지/은지/ㄴ지 알다(모르다)

1. 1) 존 씨가 무엇을 전공하는지 아세요?
   2) 이 식당에서 무엇이 제일 맛있는지 알아요?
   3) 학생 식당 순두부찌개가 얼마인지 알아요?
   4) 에릭 씨가 오늘 왜 결석했는지 아세요?
   5) 유키 씨가 언제 고향에 돌아갈 건지 알아요?
2. 1) 오늘이 몇 월 며칠인지 아세요?
   2) 에릭 씨가 요즘 왜 바쁜지 알아요?
   3) 제주도는 어느 계절에 가면 좋은지 아세요?
   4) 방학 때 흐엉 씨가 어디에 다녀왔는지 알아요?
   5) 요즘 태국 날씨가 어떤지 몰라요.

색인

어휘 색인

문법 색인

English Version

새 연세한국어 어휘와 문법 2-1

별책부록

NEW YONSEI KOREAN Vocabulary and Grammar

연세대학교 한국어학당 편

연세대학교 출판문화원

Foreword

The Yonsei University Korean Language Institute ("Yonsei KLI") was established in 1959 as the first institute to provide Korean language courses. Yonsei KLI has published numerous Korean language teaching textbooks and conducted various studies on Korean language pedagogy commensurate with its long history and prestigious reputation as the world's leading Korean language institute. Yonsei KLI has imparted language skills and knowledge of Korea's rich cultural heritage to over 140,000 students from 147 countries. More recently, the institute has extended the learning environment beyond physical classrooms to the online space through the creation of MOOCs(Massive Open Online Course), which have received deep appreciation from those who wish to learn the Korean language but are unable to attend Yonsei KLI in person. To keep pace with the rapidly evolving educational environment, Yonsei KLI continues to relentlessly pursue various endeavors to update and develop new methods of and materials for teaching the Korean language.

Yonsei KLI has offered various regular, short-term, and the university Korean courses for those who are studying the Korean language for both general and special purposes. The institute has been deeply committed to developing teaching materials of the highest quality that cater to learners' needs. The textbooks created and published by Yonsei KLI have been satisfying the diverse needs of Korean language instructors and learners around the world to provide excellent teaching and learning experiences.

Yonsei KLI is now proud to present the "New Yonsei Korean" textbook series which follows in the steps of the "Yonsei Korean 1–6" series, the all-time favorite textbook series for learning the Korean language. Many scholars and instructors with years of hands-on Korean language teaching experience have been involved, and great deals of time and effort have been dedicated in its development. Their understanding of the best teaching practices and the needs of learners are incorporated into this new series.

The recently published "New Yonsei Korean" textbook series is comprised of six levels of vocabulary and grammar, speaking and writing, and listening and reading textbooks. "New Yonsei Korean Vocabulary and Grammar" textbook helps the Korean learners at each level in building and utilizing the key vocabulary words and grammatical concepts. "New Yonsei Korean Speaking and Writing" textbook focuses on speaking and writing exercises that enable learners to familiarize themselves with expressions that are essential for communication in Korean. "New Yonsei Korean Listening and Reading" textbook fosters 2 the comprehension skills appropriate for each level of the Korean language through listening and reading exercises. The three textbooks in each series can be used together as a package to help learners acquire balanced Korean language proficiency or may be used separately depending on the educational environment or individual learners' needs. Furthermore, an additional guidebook for the vocabulary and grammar textbook was provided to assist teachers with relatively less experiences.

Yonsei KLI will continue to dedicate time and energy to developing textbooks and teaching materials that can satisfy the needs and meet the expectations of Korean language learners around the world. Yonsei KLI hopes that this newly released textbook series will be of great help to numerous instructors both inside and outside of Korea doing their utmost to offer top-notch Korean language education and to all of the learners around the world striving to learn the Korean language.

The Yonsei University Institute of Language Research and Education
The Yonsei Korean Language Institute Textbook Compilation Committee

Introduction

How the book has been organized

- The book consists of 20 lessons with two sections each, totaling a 40 sections in all.
- Each section consists of practice exercises and each lesson consists of review questions.
  (Section 1 – Section 1 practice exercises – Section 2 - Section 2 practice exercises – Review questions)
- **Vocabulary:** This segment introduces vocabulary words from the dialogue in the section, as well as vocabulary or expressions that are related to the lesson theme or appropriate for Level 2 learners.
- **Grammar:** Two grammar points are introduced per section, totaling four grammar points in each lesson.
- **Practice question:** This helps students practice the grammar and vocabulary they have learned. These are included in Appendix.
  -#1: Learners can practice how to appropriately put the target vocabulary and expressions in the given sentences.
  -#2: Learners can practice how to use the target grammar in the given context such as completing a conversation or describing the given pictures.
- **Review:** Students can confirm and review the vocabulary and grammar they learned throughout the entire lesson (two sections).
  -#1: It consists of questions that encompass the whole of the vocabulary words in the lesson.
  -#2: It consists of questions that encompass the whole of the grammar points taught in the lesson.
- **Model answer:** A model answer is given for the practice exercises and review questions to help self-study learners.
- **Appendix:** The vocabulary and grammar appendix includes the vocabulary words and grammar points that were introduced in each lesson in alphabetical order.
- **Supplement book:** Basic knowledge and explanation of Hangul is translated. Learners can easily practice using the supplement book that includes translated conversation, vocabulary, meaning and usage of grammar, and example sentences.
- **Supplementary Booklet:** It consists of a translation of the dialogue, vocabulary, grammar meaning, grammar usage, and grammar examples so that students can easily practice the contents of the lessons.

Details of each content

- **Section title:** The section title is the representative sentence in the section that reflects the grammar point that is being taught through the dialogue.
- **Introductory Illustration:** This is an illustration that is related to the theme or dialogue in the section.
- **Introduction question:** This is a question that is related to the illustration or dialogue.
- **Dialogue:** The dialogue is a two-person conversation, and this portion consists of three sets of dialogues.
- **Dialogue vocabulary:** Vocabulary words that students need to know when practicing the dialogue are introduced below.

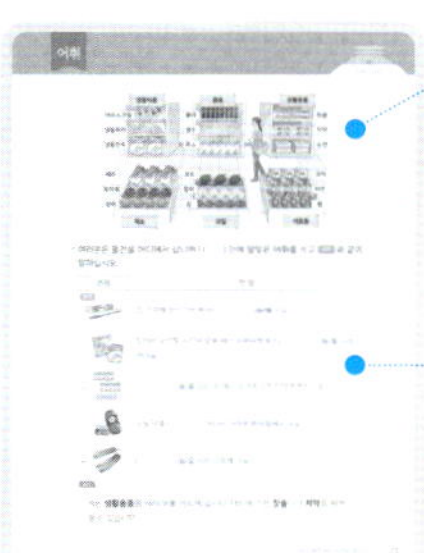

- **Extended vocabulary**
  This consists of an extended list of vocabulary words that are related to the section theme, as well as vocabulary and expressions that Level 2 learners should know. Illustrations and pictures are also included so that learners can easily understand the vocabulary words.
- **Vocabulary practice**
  This consists of an exercise where learners will look at a picture and write or speak about it to confirm whether they have correctly understood the vocabulary that they have learned.

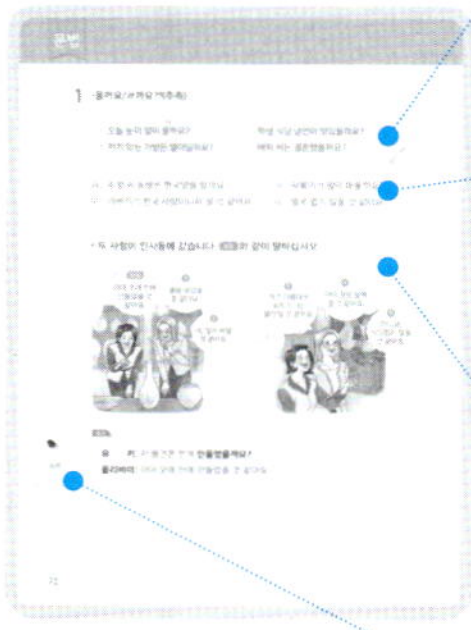

- **Grammar example:** Four examples are provided so that learners can understand the target grammar point. The meaning of the target grammar point has been translated into various languages and is included in the Supplementary Booklet.
- **Grammar Dialogue:** Two sets of dialogues are contained so that learners can correctly understand the target grammar in context. The transcript of the dialogue has been translated into various languages and is contained in the Supplementary Booklet.
- **Grammar practice:** This is an exercise that aims to help students appropriately use the grammar they have learned in the right context. Students will look at the "Example" and answer the questions.
- **Additional vocabulary:** In the case of unlearned vocabulary words, additional words are listed next to the practice exercise.

- **Let's practice**

  This exercise helps students use the grammar they have learned to speak sentences that are similar to the dialogue contained in the section.
- **<Example> Dialogue**

  It consists of a similar structure of dialogue as the preceding conversation in the section so that learners can easily practice speaking.

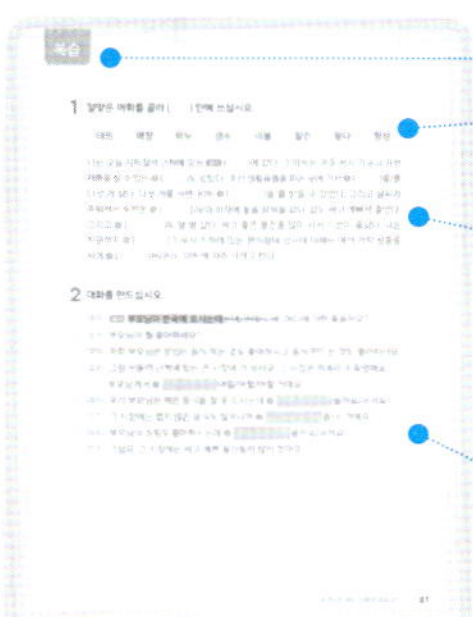

- **Review:** This is a review of all the vocabulary and grammar contained in the lesson.
- **Vocabulary:** Students can choose from the vocabulary words they've learned to write the answer.
- **Number1:** This question includes all the vocabulary words in the lesson. Because the Expanded Vocabulary has already been reviewed, the Review Section includes vocabulary words from the main passage and additional vocabulary.
- **Number 2:** This question covers the grammar points in the entire lesson. Students can practice the grammar they've learned by using the four grammar points in the context of a formal discourse.

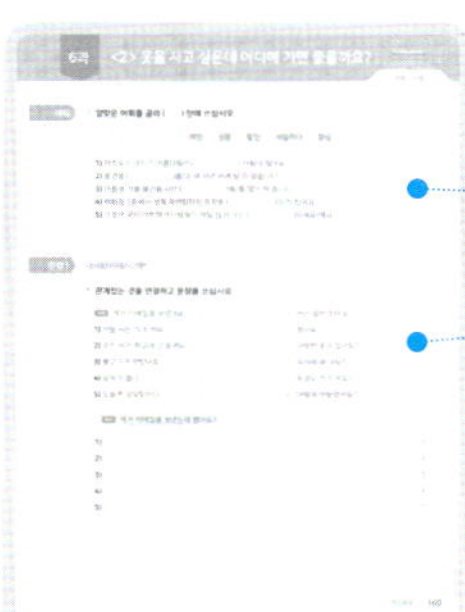

Practice Exercises

- **Number 1:** Learners can practice how to appropriately put the target vocabulary and expressions in the given sentences.
- **Number 2:** Learners can practice how to use the target grammar in the given context such as completing a conversation or describing the given pictures.

Contents Map

Chapter	Unit	Grammar	Dialogue Vocabulary	Vocabulary expansion
Unit 1 Greetings and Introductions	<1> I went to my hometown and had a good time.	-게[1] -어지다	long time no see, to be used to, to be fun or be happy, to spend one's time, eventually	advertising company, trading company, broadcasting station, newspaper publishing company, magazine company, job, publishing company, airline company, to be healthy, to quit, to attend or go, to make friends
	<2> It has been three months since I've been learning Korean.	-은 지 -으려고	graduate school, journalism and mass communication, to major in, to graduate, diligently	business administration, economics, educational studies, Korean language and literature, law, English literature, medical science, computer engineering, new
Unit 2 Friends and Family	<1> Your friend is really good-looking.	-네요 -겠다[2]	personality, entertainer, to help, to be good-looking, to be good-natured or nice	ear, heart, voice, knee, foot, hand, shoulder, face, forehead, mouth, nose, waist, to be slim, to be smart, to be young
	<2> This is the daughter of my older sister.	-을 때 의	public service worker, city hall, aunt on the mother's side, niece, relatives	aunt on the father's side, uncle (husband of my aunt on the father's side), uncle (father's older brother), aunt (wife of one's father's older brother), uncle (brother of one's mother), aunt (wife of one's mother's brother), grandfather of one's mother's side, grandmother of one's mother's side, uncle (husband of one's mother's sister), to be young

Chapter	Unit	Grammar	Dialogue Vocabulary	Vocabulary expansion
Unit 3 Hometown	<1> Have you been to Jeju Island?	-만에 -어 보다[1]	tourist attraction, Southern Sea, island, to go and return, to be blue	road or street, city, East Sea, roller coaster, building, West Sea, forest, countryside, hot spring or spa, Halla Mountain, seashore or beach, seafood, to be fresh, to be convenient
	<2> There are always a lot of people because it is a tourist attraction.	-기 때문에 -는데[2]	tourist attraction, to miss or long for, to be a long time, to be famous, not really	to be joyful, to feel shameful or embarrassed, to be envious, to be anxious, to be lonely, to be happy, to be angry
Unit 4 Houses	<1> I want the room to be big.	-었으면 좋겠다 -어야겠다	neighborhood, roommate, to search or look into, to move, to be inconvenient or uncomfortable	hair salon, snack shop, map, goods to be moved, moving company, gas station, goods or luggage, jjimjilbang, o make a contract, to be cheap, to organize
	<2> How do you like your new house?	-는 중이다 -나요?	veranda, washing machine, bathroom, the surroundings, to put or place, almost or mostly, newly	living room, wall, kitchen, a study or library, sofa, towel, table, closet, entrance or front door, to hang

Chapter	Unit	Grammar	Dialogue Vocabulary	Vocabulary expansion
Unit 5 Food	<1> Put some on your plate and try it.	-어 보다[2] -는데[3]	galbi-jjim(braised short ribs), holiday, beef, plate, to put, to season or flavor	gochujang (red pepper paste), doenjang (fermented soybean paste), method, Samsung subway station, sugar, salt, stress, vinegar, seasoning, Insa-dong, black pepper, to cut, to put in or add, to roll, to mix, to sprinkle, to mix or blend, to dip
	<2> Have you ever tried making bulgogi?	-은 적이 있다 에다가	saltiness, meat, oil, sesame oil, vegetables, fry pan, to see, to fry or roast	potato, chicken, pot, carrot, noodles, pork, mushroom, seolleongtang(beef and rice soup, sauce, trash, trash can, onion, recipe, ingredient, bookshelf, green onion, to bake or roast, to stick (in/into), to boil or heat, to mince, to put or place, to throw away, to boil, to cut or chop, to lose, to steam, to deep fry
Unit 6 Market	<1> It's a big mart so I think they will sell them there.	-을까요?[3] -을 거예요[2]	market, sitting cushion, soap, spring water, blanket, to sell	persimmon, frozen food, conference or convention, Chinese cabbage, sound, living products, groceries, beverage, Korean melon, toothpaste, toothbrush, tomato, grapes, poster, ham
	<2> I think my friend will have a hard time.	-는데[4] -어하다	store, products, discount, to be on sale; to have a sale, always	electric home appliance, earring, men's clothing, necklace, ring, backpack, swimsuit, sporting goods, women's clothing, gloves, fashion goods, handbag, to hold, to carry, to use, to wear (a watch)

Chapter	Unit	Grammar	Dialogue Vocabulary	Vocabulary expansion
Unit 7 Shopping	<1> May I try on this black pair of shorts?	-어도 되다 -으면 안 되다	shorts, white, to change clothes, to be in fashion, especially	purple, pink, color, suit, sportswear, one-piece dress, jacket, vest, blue jeans, sky-blue, gray, to chatter, to run or jump, to touch, to be thirsty
	<2> You have no idea how lightweight my bag is.	ㅎ동사 얼마나 –는지 모르다	size, salary or paycheck, pocket, (to be cool or gorgeous, to be red, first, to like	design, appearance or shape, to be simple or plain, to be right or correct, to be bright, to be similar, to be dark, to be ornate or gorgeous, to be like that, to be black, to be yellow, to be red, how (it) is, to be like this, to be like that, to be blue, to be white
Unit 8 Invitations	<1> We're thinking about starting the class meeting at around 7 o'clock.	–어 -을까 하다	anticipation or expectation, help, meeting, to start, to invite, to need	puppy, school club, schoolmate, alumni association, workplace club, afterparty, farewell party, invitation card, welcoming reception, (membership) fee, to join, to gather, to get together
	<2> Take some detergent or toilet paper.	-어 가지고 -지 마	wife, atmosphere, senior, kitchen products, housewarming party, tea set or teacup, to use, to match	flower basket, rice cake, shabu shabu, salad, detergent, wall clock, bouquet, album, japchae(clear noodles stir-fried with beef and vegetables), scented candle, toilet paper or tissue, flowerpot, to chew, to doze, to applaud, to kick

Chapter	Unit	Grammar	Dialogue Vocabulary	Vocabulary expansion
Unit 9 Appoint-ments	<1> I'll be there right after I finish with work.	-는다, -니? -을게요	to pass, finally, very or extremely, right, already, yes	you, word, name, world, all of you; ladies and gentlemen, age in honorific form, we, meal or food in honorific form
Unit 9 Appoint-ments	<2> Something urgent came up at work and I have to go on a business trip.	-어라, -자 -게 되다	two days, after, to be urgent, o meet (honorific form), to be sad or disappointed, to come into being, suddenly or unexpectedly	four days, five days, forty, three days, thirty, age or years, fifty, ninety, eighty, ten days, two days, seventy, sixty, one day, to count
Unit 10 Requests or Favors	<1> I'm sorry, but may I borrow your notebook?	-을래요? -었다가[1]	request or favor, to be absent, to do (a favor), to borrow, to explain	to place or put, to increase or improve, to pull, to push, to take off, to grasp or catch, to fold, to decrease or be reduced, to spread or unfold
Unit 10 Requests or Favors	<2> Excuse me but is Mr. Kim here?	-습니다만 -는지 알다	document, to deliver or hand over, to leave one's office or get off from work, 이 already, excuse me	head of a department or director, ah, uh, um, okay, excuse me

Contents

Unit 1 Greetings and Introductions

<1> I went to my hometown and had a good time.

Dialogue

Eric: Hi, Huang. Have you been doing well?
Huang: Yes, Eric. Long time no see. What did you do during the break?
Eric: I went to my hometown and had a good time. What about you, Huang?
Huang: I was a bit busy. I started a part-time job at a travel agency.
Eric: Really? Do you find the work difficult?
Huang: It was hard at first, but it's fun now that I'm used to it.

Dialogue Vocabulary

지내다 to spend one's time
오랜만이다 long time no see
즐겁다 to be fun or be happy
점점 eventually
익숙하다 to be used to

Vocabulary expansion

광고 회사 advertising company
무역 회사 trading company
방송국 broadcasting station
신문사 newspaper publishing company
잡지사 magazine company
직장 job
출판사 publishing company
항공사 airline company
건강하다 to be healthy
그만두다 to quit
다니다 to attend or go
사귀다 to make friends

Grammar

1. -게[1]

- **Meaning and Usage**

This is added to an action verb or a descriptive verb to describe the manner or intensity of the action.

- **Example**

저는 불고기를 맛있게 먹었어요.
I enjoyed eating the bulgogi.
존 씨가 시장에서 가방을 싸게 샀어요.
John bought the bag at the market for a good price.
주앙 씨, 공책에 이름을 크게 쓰십시오.
Juang, please write your name on the notebook in large letters.
친구가 옷을 예쁘게 입었어요.
My friend is dressed nicely.

가: 누가 청소를 잘 해요?
A: Who is good at cleaning?
나: 에릭 씨가 청소를 깨끗하게 해요.
B: Eric cleans very well.

가 : 흐엉 씨, 주말에 무엇을 했어요?
A: Huang, what did you do over the weekend?
나: 친구를 만나서 재미있게 놀았어요.
B: I met my friend and had a fun time.

- **Note**

This is not used with the past tense '-었-' or future tense '-겠-'.

2. -어지다/아지다/여지다

- **Meaning and Usage**

This is added to a descriptive verb to show how the state of the subject has changed into the content of the descriptive verb.

- **Form**

-아지다 is added when the descriptive verb stem ends in 'ㅏ, ㅗ.' -어지다 is added when the descriptive verb stem ends in any other vowel (ㅓ, ㅜ, ㅡ, ㅣ). -여지다(해지다) is added when the descriptive verb stem ends with '하-.'

Descriptive verb stem ending	Combine with	Example
ㅏ, ㅗ	-아지다	좋아지다, 작아지다
other vowels (ㅓ,ㅜ,ㅡ,ㅣ)	-어지다	커지다
하	-여지다(해지다)	-깨끗해지다

- **Example**

저는 학교생활이 점점 재미있어져요.
My school life is becoming more fun.
요즘 날씨가 많이 추워졌어요.
The weather has become a lot colder these days.
저는 시험이 끝나면 한가해져요.
I have more free time once exams are over.
흐엉 씨는 아르바이트를 시작해서 좀 바빠졌어요.
Huang has become somewhat busier since she started her part-time job.

가: 요즘 날씨가 어때요?
A: How is the weather these days?
나: 날씨가 따뜻해졌어요.
B: The weather has become warmer.

가: 에릭 씨, 회사 일이 어렵지 않아요?
A: Eric, isn't the work at your company difficult?
나: 처음에는 어려웠지만 지금은 많이 익숙해졌어요.
B: It was difficult in the beginning, but now I've gotten used to it.

• **Note**

This is used only with descriptive verbs and cannot be used with action verbs.

<2> It has been three months since I've been learning Korean.

Dialogue

Daniel: Nora, since when have you been learning Korean?
Nora: It has been three months since I've been learning Korean.
Daniel: Why are you studying Korean?
Nora: I am diligently studying Korean so I can go to graduate school.
Daniel: What do you want to study as your major in graduate school?
Nora: I will major in journalism and mass communication. I want to work at a broadcasting station after I graduate.

Dialogue Vocabulary

대학원 **graduate school** 열심히 **diligently**
전공하다 **to major in**
신문방송학 **journalism and mass communication**
졸업하다 **to graduate**

Vocabulary expansion

경영학 **business administration**
경제학 **economics** 교육학 **educational studies**
국어국문학 **Korean language and literature**
법학 **law** 영문학 **English literature**
의학 **medical science**
컴퓨터공학 **computer engineering**
새 **new**

Grammar

1. -은/ㄴ 지

• **Meaning and Usage**

This is added to an action verb to show how much time has passed since a certain action has taken place.

• **Form**

-ㄴ 지 is added when the verb stem ends in a vowel or 'ㄹ.'
-은 지 is added when the verb stem ends in a consonant.

Action verb stem ending	Combine with	Example
Consonant	-은 지	먹은 지, 읽은 지
vowel or ㄹ	-ㄴ 지	만난 지, 만든 지

• **Example**

저는 대학교를 졸업한 지 삼 년 됐어요.
It has been three years since I graduated from university.
제 친구는 미국에 간 지 육 개월 됐어요.
It has been six months since my friend left for America.
저는 그 이야기를 들은 지 일주일 됐어요.
It has been one week since I heard that story.
리타오 씨, 기숙사에 산 지 얼마나 됐어요?
Letao, how long has it been since you have lived in the dorms?

가: 올리비아 씨, 태권도를 배운지 얼마나 됐어요?
A: Olivia, how long has it been since you have been learning Taekwondo?
나: 태권도를 배운 지 일 년 됐어요.
B: It has been one year since I have been learning Taekwondo.

가: 이 회사에서 언제부터 일했어요?
A: Since when have you started working in this company?
나: 이 회사에서 일한 지 삼 개월 됐어요.
B: It has been three months since I've been working in this company.

• **Note**

This is used only with action verbs and cannot be used with descriptive verbs. Because the meaning of this form is already related to the past, it cannot be combined with '-었-.'

2. -으려고/려고

• **Meaning and Usage**

This is added to an action verb to show the intention or purpose of the action stated in the sentence.

• **Form**

-려고 is added when the verb stem ends with a vowel or 'ㄹ.' -으려고 is added when the verb stem ends with a consonant.

Action verb stem ending	Combine with	Example
Consonant	-으려고	먹으려고, 읽으려고
vowel or ㄹ	-려고	만나려고, 만들려고

- **Example**

에릭 씨가 친구를 만나려고 커피숍에 가요.
Eric is going to the coffee shop to meet his friend.
윤아 씨, 누구와 같이 먹으려고 김밥을 사요?
Yuna, with whom are you going to eat the gimbap you are buying?
저는 어머니께 드리려고 선물을 샀어요.
I bought a gift to give to my mom.
레오 씨는 불고기를 만들려고 소고기를 샀어요.
Leo bought some beef to make bulgogi.

가: 존 씨, 왜 잡지를 샀어요?
A: John, why did you buy the magazine?
나: 비행기에서 읽으려고 잡지를 샀어요.
B: I bought the magazine to read it on the airplane.

가: 하늘 씨, 무엇을 하려고 도서관에 갔어요?
A: Haneul, what brought you to the library?
나: 책을 빌리려고 도서관에 갔어요.
B: I went to the library to borrow a book.

- **Note**

This is used with an action verb and not a descriptive verb. The subject for both clauses in the sentence must be the same, and for the most part, the subject is not mentioned in the second clause. This is not combined with the past tense '-었-' or the future form '-겠-.' An interrogative or imperative clause cannot follow at the end of the sentence.

Unit 2 Friends and Family

<1> Your friend is really good-looking.

Dialogue

Yuna: Nora, who is that tall person over there?
Nora: That is my friend Daniel from Australia.
Yuna: He is really good-looking. What kind of person is Daniel?
Nora: He helps many people because his personality is bright and he is nice.
Yuna: Your friends must all like him. What kind of work does he do?
Nora: He wants to be an entertainer so he is learning how to dance and sing.

Dialogue Vocabulary

잘생기다 to be good-looking
성격 personality
착하다 to be good-natured or nice
도와주다 to help
연예인 entertainer

Vocabulary expansion

귀 ear
목소리 voice
발 foot
어깨 shoulder
이마 forehead
코 nose
날씬하다 to be slim
어리다 to be young
마음 heart
무릎 knee
손 hand
얼굴 face
입 mouth
허리 waist
똑똑하다 to be smart

Grammar

1.-네요

- **Meaning and Usage**

This is added to an action verb or descriptive verb to show the speaker's emotions concerning new realizations after personally experiencing something.

- **Example**

유키 씨가 한국말을 잘 하네요.
Yuki is good at Korean.
윤아 씨, 오늘 입은 옷이 참 예쁘네요.
Yuna, your outfit today is very pretty.
내일이 에릭 씨 생일이네요.
It's Eric's birthday tomorrow.
주앙 씨가 그림을 잘 그렸네요.
Juang drew the picture well.

가: 오늘 날씨가 어때요?
A: How's the weather today?
나: 날씨가 좀 춥네요.
B: The weather is slightly cold.

가: 다니엘 씨가 춤을 잘 추지요?
A: Isn't Daniel good at dancing?
나: 네, 정말 잘 추네요.
B: Yes, he is quite good.

- **Note**

Because '-네' shows a fact that has been realized just now, in principle, the subject cannot be in the first person. It is normally used in the second or third person.

2. -겠다²

- **Meaning and Usage**

This is added to an action verb or descriptive verb to show the presumption of the speaker concerning something after hearing some information or through observation.

- **Example**

그 꽃을 선물하면 친구가 좋아하겠어요.
Your friend would love it if you gave this flower as a gift.

올리비아 씨는 중국에서 오래 살아서 중국말을 잘 하겠어요.
Olivia, you must speak Chinese very well since you lived in China for a long time.
이 삼계탕이 맛있겠어요.
This samgyetang(ginseng chicken broth) must taste delicious.
에릭 씨, 가족들을 만나서 반가웠겠네요.
Eric, you must have been happy to see your family.

가: 오늘 시험을 정말 잘 봤어요.
A: I did really well on my test today.
나: 그래요? 기분이 좋겠어요.
B: Really? You must feel really good.

가: 우리 집 근처에 바다가 있어요.
A: The beach is nearby our house.
나: 맛있는 생선을 많이 먹겠네요.
B: You must eat a lot of delicious fish.

- **Note**

This cannot be used with a subject in the first person.

<2> This is the daughter of my older sister.

Dialogue

Yuki: Yuna, when did you take this picture?
Yuna: That's a picture from last year when I went on a vacation with my relatives.
Yuki: Who is this child with the long hair?
Yuna: That is my niece, Jia. She is my older sister's daughter.
Yuki: Your niece is so cute. Is that person next to her your older sister?
Yuna: No, that's my aunt. She works at the city hall as a public service worker.

Dialogue Vocabulary

친척 relatives　　조카 niece
이모 aunt on the mother's side
시청 city hall
공무원 public service worker

Vocabulary expansion

고모 aunt on the father's side
고모부 uncle (husband of my aunt on the father's side)
큰아버지 uncle (father's older brother)
큰어머니 aunt (wife of one's father's older brother)
외삼촌 uncle (brother of one's mother)
외숙모 aunt (wife of one's mother's brother)
외할아버지 grandfather of one's mother's side
외할머니 grandmother of one's mother's side
이모부 uncle (husband of one's mother's sister)
어리다 to be young

Grammar

1. -을/ㄹ 때

- **Meaning and Usage**

This is added to an action verb or a descriptive verb and shows the period of continuation of a certain situation, time, action, or state. The first clause is also used as a condition for the secondary clause.

- **Form**

-ㄹ 때 is used when the action verb or descriptive verb stem ends with a vowel or 'ㄹ'. -을 때 is used when the action verb or descriptive verb stem ends with a consonant.

Verb or descriptive verb stem ending	Combine with	Example
Consonant	-을 때	먹을 때, 읽을 때, 작을 때
vowel or ㄹ	-ㄹ 때	갈 때, 살 때, 아플 때

- **Example**

주앙 씨는 친구 집에 갈 때 과일을 가지고 갔어요.
Juang took fruits with him when he went to his friend's house.
배가 아플 때 이 약을 드세요.
Take this medicine when your stomach hurts.
제가 처음 한국에 왔을 때 여섯 살이었어요.
I was six years old when I first came to Korea.
저는 방학 때 고향에 가서 친구를 만났어요.
I went to my hometown and met my friend during the vacation.

가: 레오 씨, 언제 그 친구를 만났어요?
A: Leo, when did you meet that friend?
나: 대학교에 다닐 때 그 친구를 만났어요.
B: I met that friend when I was in college.

가: 오늘 날씨가 추워요?
A: Is the weather cold today?
나: 네, 밖에 나갈 때 코트를 입으세요.
B: Yes it is. Wear a coat when you go outside.

2. 의

- **Meaning and Usage**

This is added to a noun to show the relationship of that noun to another noun that follows it. Generally, the noun that follows is the possession of or shows affiliation to the noun that the 의 is attached to.

- **Example**

저는 그 가수의 노래를 좋아해요.
I like the songs of that singer.
제주도의 경치가 아름다워요.
The scenery of Jeju Island is beautiful.
이것은 내 친구의 책이에요.
This is my friend's book.
저 분은 우리 학교의 선생님이십니다.
That person is a teacher at our school.

가: 이 사람은 누구예요?
A: Who is this person?
나: 제 동생이에요.
B: It is my younger sibling (sister or brother).

가: 이것은 누구의 가방이에요?
A: Whose bag is this?
나: 유키 씨의 가방이에요.
B: It is Yuki's bag.

- **Note**

It is common to omit this in conversations and in cases where it is combined with pronouns, '나의', '너의', and '저의' are written as '내, 네, and 제' respectively.

Unit 3 Hometown

<1> Have you been to Jeju Island?

Dialogue

Yuna: I went to my hometown last weekend and came back.
Huang: Yuna, your hometown is in Jeju Island, right? How long has it been since you've been there?
Yuna: It's been a year since I visited. Huang, have you been to Jeju Island?
Huang: No, I haven't gone yet. Where is Jeju Island?
Yuna: Jeju Island is an island in the Southern Sea of Korea. The blue ocean is beautiful and there are so many tourist attractions.
Huang: Really? I really want to visit once.

Dialogue Vocabulary

다녀오다 to go and return
남해 Southern Sea
섬 island
푸르다 to be blue
구경거리 tourist attraction

Vocabulary expansion

거리 road or street
도시 city
동해 East Sea
롤러코스터 roller coaster
빌딩 building
서해 West Sea
숲 forest
시골 countryside
온천 hot spring or spa
한라산 Halla Mountain
해변 seashore or beach
해산물 seafood
신선하다 to be fresh
편리하다 to be convenient

Grammar

1. 만에

- **Meaning and Usage**

This is placed in between a time-related noun and action verb and indicates the period of time until the action of the verb occurs again or how long it will take for the action to take place.

- **Example**

저는 일 년 만에 고향에 갔어요.
I went to my hometown after a year of not going.
내 동생은 오 년 만에 대학교를 졸업했어요.
My younger brother graduated from college after five years.
아이가 삼십 분 만에 숙제를 다 했어요.
The child finished his homework in thirty minutes.
얼마 만에 그 사람을 다시 만났어요?
How long has it been since you last met that person?

가: 유키 씨, 얼마 만에 여행을 갔어요?
A: How long has it been since you travelled, Yuki?
나: 육 개월 만에 여행을 갔어요.
B: It's been six months since I last travelled.

가: 에릭 씨가 얼마 만에 친구를 만났어요?
A: How long has it been since Eric met his friend?
나: 에릭 씨가 삼 년 만에 친구를 만났어요.
B: It has been three years since he last met his friend.

2. -어/아/여 보다[1]

- **Meaning and Usage**

This is used after an action verb to show an experience.

- **Form**

'-아 보다' is used when the action verb stem ends with 'ㅏ, ㅗ.' '-어 보다' is used when the action verb stem ends with other vowels (ㅓ,ㅜ,ㅡ,ㅣ). '-여 보다'(해 보다) is used when the action verb stem ends with '하-.'

Action verb stem ending	Combine with	Example
ㅏ, ㅗ	-아 보다	가 보다, 만나 보다
Other vowels (ㅓ,ㅜ,ㅡ,ㅣ)	-어 보다	먹어 보다, 입어 보다
하	-여 보다(해 보다)	전화해 보다

- **Example**

저는 불고기를 만들어 봤어요.
I tried making bulgogi.

유키 씨는 한국 차를 마셔 봤어요.
Yuki tried drinking some Korean tea.
리타오 씨는 남산에 못 가 봤어요.
Letao has never been to Namsan before.
존 씨, 그 가수의 노래를 들어 봤어요?
John, have you ever listened to the songs of that singer?

가: 주앙 씨, 삼계탕을 먹어 봤어요?
A: Juang, have you ever tried samgyetang?
나: 네, 삼계탕을 먹어 봤어요.
B: Yes, I have eaten samgyetang before.

가: 존 씨, 서울에서 어디에 가 봤어요?
A: John, where have you been to in Seoul?
나: 동대문 시장에 가 봤어요.
B: I have been to Dongdaemun Market.

- **Note**

This is not used with descriptive verbs. Because this shows an experience of the past, it is used with the past tense forms and cannot be combined with "-겠-" that indicates the future or a supposition. If it is used with words in the present or future tense, it carries the meaning of an attempt. It is not used with the action verb "**보다**" but is used with the past tense or past perfect form like "**보았다**" or '**본**.'

<2> There are always a lot of people because it is a tourist attraction.

Dialogue

Yuna: Huang, what kind of place is your hometown?
Huang: There are always a lot of people because it is a famous tourist attraction.
Yuna: Really? How is the weather?
Huang: It's not that hot in Korea these days but it's very hot in my hometown.
Yuna: Your parents are in your hometown, right?
Huang: Yes. It's been such a long time since I've been to my hometown that I really miss my parents.

Dialogue Vocabulary

유명하다 to be famous
관광지 tourist destination
별로 not really
오래되다 to be a long time
그립다 to miss or long for

Vocabulary expansion

기쁘다 to be joyful
부끄럽다 to feel shameful or embarrassed
부럽다 to be envious
불안하다 to be anxious
외롭다 to be lonely
행복하다 to be happy
화가 나다 to be angry

Grammar

1. -기 때문에

- **Meaning and Usage**

This is used after an action verb or descriptive verb to show how the content that comes before is the cause or reason for the content that comes after the form.

- **Example**

오늘 동생이 한국에 오기 때문에 저는 오후에 공항에 가요.
My younger brother is coming to Korea so I am going to the airport this afternoon.
저는 오늘 바쁘기 때문에 친구를 만날 수 없습니다.
I cannot meet my friend today because I am busy.
친구 생일이기 때문에 파티를 했습니다.
We had a party because it was my friend's birthday.
시험이 끝났기 때문에 도서관에 학생이 많지 않습니다.
There are not a lot of students in the library because exams are over.

가: 왜 이 식당에 사람이 많아요?
A: Why are there so many people in this restaurant?
나: 음식이 맛있기 때문에 사람이 많아요.
B: There are many people because the food is good.

가: 리타오 씨, 왜 여행을 안 가요?
A: Letao, why are you not travelling?
나: 아르바이트 때문에 여행을 안 가요.
B: I am not going because of my part-time job.

- **Note**

This is used in written language more than in spoken language. The past is written like this: "**-었기 때문에**." It is not combined with "**-겠-**" of the future or supposition. A request or command may not follow at the end of the sentence.

2. -는데/은데/ㄴ데²

- **Meaning and Usage**

This is used after an action verb or descriptive verb to show comparison between the content that comes before this form and the content that comes after it.

- **Form**

'-는데' is used after all action verb stems, including '있다' and '없다.' '-ㄴ데' is used after descriptive verb stems ending in a vowel or 'ㄹ' and '-은데' is used after descriptive verb stems ending with a consonant.

Word stem ending	Combine with	Example
Action verb, 있다, 없다	-는데	먹는데, 가는데, 있는데

Consonant (descriptive verb)	-은데	작은데, 좋은데, 싫은데
vowel, ㄹ (descriptive verb)	-ㄴ데	큰데, 친절한데, 먼데

- **Example**

제 고향은 비가 많이 오는데 서울은 비가 많이 오지 않아요.
It rains a lot in my hometown but it doesn't rain much in Seoul.
형은 키가 큰데 동생은 키가 작아요.
My older brother is tall but my younger brother is short.
김치는 조금 매운데 삼계탕은 맵지 않아요.
Kimchi is a bit spicy but samgyetang(ginseng chicken broth) is not.
어제는 일이 많아서 바빴는데 오늘은 한가해요.
I was busy because I had so much work yesterday but today I have time to spare.

가: 한국의 날씨가 어때요?
A: How is the weather in Korea?
나: 여름에는 더운데 겨울에는 추워요.
B: It's hot in the summer but cold in the winter.

가: 유키 씨, 냉면을 좋아해요?
A: Yuki, do you like naengmyeon(cold noodle dish)?
나: 물냉면은 좋아하는데 비빔냉면은 안 좋아해요.
B: I do like naengmyeon but I don't like bibim-naengmyeon (chilled noodles mixed with chili sauce).

Unit 4 Houses

<1> I want the room to be big.

Dialogue

Haneul: Yuki, you seem busy these days.
Yuki: Yes, I am looking for a house to move into. The room in the house I am living in now is small and the transportation is a bit uncomfortable.
Haneul: What kind of house do you want to move into?
Yuki: I would like to live with a roommate and I want the room to be big.
Haneul: There are many good and inexpensive studios in my neighborhood.
Yuki: Really? Then I should look up some houses in that neighborhood.

Dialogue Vocabulary

이사하다 to move
알아보다 to search or look into
불편하다 to be inconvenient or uncomfortable
룸메이트 roommate　　동네 neighborhood

Vocabulary expansion

미용실 hair salon　　분식집 snack shop
약도 map　　이삿짐 goods to be moved
이삿짐센터 moving company
주유소 gas station　　짐 goods or luggage
찜질방 jjimjilbang　　계약하다 to make a contract
싸다 to be cheap　　정리하다 to organize

Grammar

1. -었으면/았으면/였으면 좋겠다

- **Meaning and Usage**

This is used after an action verb or descriptive verb to show the speaker's wishes or hopes. You can also use "하다" in place of "좋겠다."

- **Form**

'-았으면 좋겠다' is used when the action or descriptive verb stem ends with 'ㅏ, ㅗ.' '-었으면 좋겠다' is used when the verb stem ends with another vowel like 'ㅓ,ㅜ,ㅡ,ㅣ.' '-였으면 좋겠다' is used when the verb stem ends with '하-' (했으면 좋겠다).

Action or descriptive verb stem ending	Combine with	Example
ㅏ, ㅗ	-았으면 좋겠다	갔으면 좋겠다, 많았으면 좋겠다
Other vowels (ㅓ,ㅜ,ㅡ,ㅣ)	-었으면 좋겠다	먹었으면 좋겠다, 컸으면 좋겠다
하	-였으면 좋겠다 (했으면 좋겠다)	일했으면 좋겠다, 따뜻했으면 좋겠다

- **Example**

다음 주에 시험이 있습니다. 저는 시험을 잘 봤으면 좋겠습니다.
I have a test next week. I hope I can do well on the test.
저는 대학교를 졸업하고 방송국에서 일했으면 좋겠습니다.
After I graduate from college, I hope to work in a broadcasting station.
친구가 내일 여행을 가요. 날씨가 좋았으면 좋겠습니다.
My friend is going on a trip tomorrow. I hope the weather is good.
룸메이트가 성격이 좋은 사람이었으면 좋겠어요.
I hope my roommate has a good personality.

가: 유키 씨, 방학에 무엇을 할 거예요?
A: Yuki, what will you do during the vacation?
나: 저는 외국에 여행을 갔으면 좋겠어요.
B: I wish I could travel to a foreign country.

가: 리타오 씨, 생일에 무슨 선물을 받고 싶어요?
A: Letao, what kind of gift would you like to receive for your birthday?
나: 노트북을 받았으면 좋겠어요.
B: I would like to receive a notebook.

2. -어야겠다/아야겠다/여야겠다

- **Meaning and Usage**

This is used after an action verb to show the speaker's strong intention to perform an action he believes is necessary.

- **Form**

'-아야겠다' is used when the action verb stem ends with 'ㅏ, ㅗ.' '-어야겠다' is used when the action verb stem ends with other vowels like 'ㅓ,ㅜ,ㅡ,ㅣ.' '-여야겠다'(해야겠다) is used when the action verb stem ends with '하-.'

Action verb stem	Combine with	Example
ㅏ, ㅗ	-아야겠다	일어나야겠다, 봐야겠다
Other vowels (ㅓ,ㅜ,ㅡ,ㅣ)	-어야겠다	써야겠다, 읽어야겠다
하	-여야겠다 (해야겠다)	공부해야겠다

- **Example**

연필이 없어서 친구에게 빌려야겠습니다.
I don't have a pencil so I should borrow one from a friend.
시간이 없어서 저는 택시를 타야겠습니다.
I don't have time so I should take a taxi.
다음 주에 시험이 있어서 저는 공부를 해야겠어요.
I have a test next week so I had better study.
게임을 너무 많이 하지 말아야겠어요.
I shouldn't play too many games.

가: 내일 유키 씨가 이사를 해요.
A: Yuki is moving tomorrow.
나: 그래요? 제가 도와줘야겠어요.
B: Really? I had better help her.

가: 존 씨, 어디 아프세요?
A: John, are you feeling sick?
나: 머리가 아파서 약을 먹어야겠어요.
B: My head hurts so I should take some medicine.

- **Note**

This is used only with action verbs and cannot be used with descriptive verbs.
It is not combined with the past tense "-었-."

<2> How do you like your new house?

Dialogue

Haneul: Yuki, have you finished your move?
Yuki: Yes, I am almost all finished. I am in the middle of cleaning the house now.
Haneul: How do you like your new house?
Yuki: I like it because it is big and quiet. There are many stores around the house and the subway station is nearby.
Haneul: Really? Is there anything uncomfortable about your house?
Yuki: The bathroom is a bit small. That is why I put the washing machine in the veranda.

Dialogue Vocabulary

거의 almost or mostly
새로 newly
주변 the surroundings
욕실 bathroom
세탁기 washing machine
베란다 veranda
놓다 to put or place

Vocabulary expansion

거실 living room
벽 wall
부엌 kitchen
서재 a study or library
소파 sofa
수건 towel
식탁 table
옷장 closet
현관 entrance or front door
걸다 to hang

Grammar

1. -는 중이다

- **Meaning and Usage**

This is used with an action verb to show how an action is continuing.

- **Example**

존 씨가 책을 읽는 중이에요.
John is in the middle of reading a book now.
에릭 씨는 지금 회사에서 일하는 중이에요.
Eric is in the middle of working at his company now.
수업 중에 조용히 해 주십시오.
Please be quiet during class.
지금은 회의 중이니까 밖에서 기다려 주십시오.
Please wait outside because we are in the middle of a meeting.

가: 리타오 씨, 뭘 하세요?
A: Letao, what are you doing?
나: 지금 운동을 하는 중이에요.
B: I'm in the middle of exercising.

가: 사무실 문을 열었어요?
A: Is the office open?
나: 아니요, 방학 중에는 문을 열지 않아요.
B: No, the office is closed during vacation.

• **Note**

This can also be used with "-는 중에" as well as in the form of "noun 중이다/중에."

2. -나요/은가요/ㄴ가요?

• **Meaning and Usage**

This is used with an action or descriptive verb to indicate a question to another person and gives a friendlier feeling than '-어요?'.

• **Form**

'-나요?' is used after action verb stems, including the verb stem of '있다' and '없다.' '-ㄴ가요?' is used when the descriptive verb stem ends with a vowel or 'ㄹ.' '-은가요?' is used when the descriptive verb stem ends with a consonant.

Verb stem ending	Combine with	Example
Action verb, 있다, 없다	-나요?	먹나요?, 가나요?, 있나요?
Consonant (descriptive verb)	-은가요?	작은가요?, 좋은가요?, 싫은가요?
Vowel , ㄹ (descriptive verb)	-ㄴ가요?	큰가요?, 친절한가요?, 먼가요?

• **Example**

리타오 씨는 몇 시에 집에 오나요?
What time do you come home, Letao?
김치찌개가 매운가요?
Is the kimchi-jjigae (kimchi stew) spicy?
올리비아 씨 친구는 어느 나라 사람인가요?
What country is Olivia's friend from?
에릭 씨, 방 청소를 다 했나요?
Eric, are you finished with cleaning your room?

가: 리타오 씨, 어느 나라에서 오셨나요?
A: Letao, what country did you come from?
나: 저는 중국에서 왔어요.
B: I came from China.

가: 유키 씨, 친구 생일이 언제인가요?
A: Yuki, when is your friend's birthday?
나: 다음 주 토요일이에요.
B: It is next Saturday.

• **Note**

When the descriptive verbs '이다' and '아니다' are combined with the past tense '-었-,' you use '-었나요.'

Unit 5 Food

<1> Put some on your plate and try it.

Dialogue

Yuna: Huang, have you tried eating galbi-jjim?
Huang: No, I haven't tried it yet.
Yuna: Galbi-jjim is a dish made of beef and is mostly eaten during the holidays.
Huang: I can't eat spicy foods but isn't galbi-jjim spicy?
Yuna: No, it's not spicy because the seasoning is made with soy sauce. Put some on that plate and try it.
Huang: Okay, it looks very delicious. I'll enjoy the meal.

Dialogue Vocabulary

갈비찜 galbi-jjim(braised short ribs)
소고기 beef
명절 holiday
양념하다 to season or flavor
접시 plate
덜다 to put

Vocabulary expansion

고추장 gochujang (red pepper paste)
된장 doenjang (fermented soybean paste)
방법 method
삼성역 Samseong subway station
설탕 sugar
소금 salt
스트레스 stress
식초 vinegar
양념 seasoning
인사동 Insa-dong
후추 black pepper
깎다 to cut
넣다 to put in or add
말다 to roll
비비다 to mix
뿌리다 to sprinkle
섞다 to mix or blend
찍다 to dip

Grammar

1. -어/아/여 보다^2

• **Meaning and Usage**

This is used after an action verb to show an attempt at something. Following the '보다' form is an unfinished action such as an command, request, or wish.

• **Form**

'-아 보다' is used when the action verb stem ends with 'ㅏ, ㅗ.' '-어 보다' is used when the action verb stem ends with other vowels like ㅓ,ㅜ,ㅡ,ㅣ. '-여 보다'(해 보다) is used when the action verb stem ends with '하-.'

Action verb stem	Combine with	Example
ㅏ, ㅗ	-아 보다	가 보다, 만나 보다
Other vowels (ㅓ,ㅜ,ㅡ,ㅣ)	-어 보다	먹어 보다, 입어 보다
하	-여 보다(해 보다)	전화해 보다

- **Example**

잡채를 만들어 보고 싶어요.
I want to try and make japchae.
이 티셔츠를 입어 볼 수 있어요?
May I try on this T-shirt?
제가 좋아하는 가수의 노래를 한번 들어 보세요.
Try listening to a song by a singer that I like.
이번 방학에 시간이 있으면 설악산에 가 보세요.
If you have time during this vacation, try going to Seorak Mountain.

가: 옷이 좀 작아요.
A: These clothes are a bit small.
나: 그럼 조금 큰 옷을 입어 보세요.
B: Then please try on something that is bigger.

가: 요즘 건강이 안 좋아요.
A: My health is not so good these days.
나: 운동을 해 보세요.
B: Try exercising.

- **Note**

This is used only with action verbs and cannot be used with descriptive verbs.
It is not natural when combined with the verb '보다'.

2. -는데/은데/ㄴ데[3]

- **Meaning and Usage**

This is used with an action or descriptive verb when introducing something. Following this form, additional explanation related to the content is given.

- **Form**

'-는데' is used after an action verb stem, including '있다' and '없다'. '-ㄴ데' is used when a descriptive verb stem ends with a vowel or 'ㄹ'. '-은데' is used when a descriptive verb stem ends with a consonant.

Verb stem ending	Combine with	Example
Action verb, 있다, 없다	-는데	먹는데, 가는데, 있는데
Consonant (descriptive verb)	-은데	작은데, 좋은데, 싫은데
Vowel, ㄹ (descriptive verb)	-ㄴ데	큰데, 친절한데, 먼데

- **Example**

저는 기숙사에 사는데 방이 크고 깨끗해요.
I live in the dormitory and my room is large and clean.
남대문 시장은 우리 집에서 가까운데 싸고 좋은 물건이 많아요.
Namdaemun Market is close to my house and there are many inexpensive and good items there.
윤아 씨는 제 한국 친구인데 예쁘고 친절해요.
Yuna is my Korean friend and she is pretty and nice.
저는 지난주에 부산으로 여행을 갔는데 부산 바다가 아주 아름다웠어요.
I went on a trip to Busan last week and the ocean was so beautiful.

가: 어느 식당에 자주 가세요?
A: What restaurant do you go to often?
나: 저는 학생 식당에 자주 가는데 값도 싸고 맛있어요.
B: I go to the school cafeteria often. The price is cheap and the food is good.

가: 흐엉 씨 고향은 어디예요?
A: Huang, where is your hometown?
나: 베트남 하노이인데 경치가 아름답고 사람들이 친절해요.
B: It is in Hanoi in Vietnam. The scenery is beautiful and the people are friendly.

<2> Have you ever tried making bulgogi?

Dialogue

Yuna: Yuki, have you ever tried making bulgogi?
Yuki: No, I've never tried making it before.
Yuna: First, you put soy sauce, sugar, and sesame oil into the meat.
Yuki: Okay, I put them in. Then what do I do?
Yuna: Put some oil in a fry pan and then fry the seasoned meat with some vegetables. Taste it to check the saltiness and add more soy sauce if it tastes bland.
Yuki: Okay, it's not as hard as I thought it would be.

Dialogue Vocabulary

고기 meat
프라이팬 fry pan
채소 vegetables
간 saltiness
참기름 sesame oil
기름 oil
볶다 to fry or roast
보다 to see (whether it is properly seasoned) (간을 보다 means to taste something to see how it is seasoned)

Vocabulary expansion

감자 potato
냄비 pot
면 noodles
버섯 mushroom
설렁탕 seolleongtang(beef and rice soup)
소스 sauce
쓰레기통 trash can
요리법 recipe
책장 bookshelf
굽다 to grill
끓이다 to boil or heat
두다 to put or place
삶다 to boil
잃어버리다 to lose
튀기다 to deep fry
닭고기 chicken
당근 carrot
돼지고기 pork
쓰레기 trash
양파 onion
재료 ingredient
파 green onion
꽂다 to stick (in/into)
다지다 to mince
버리다 to throw away
썰다 to cut or chop
찌다 to steam

Grammar

1. -은/ㄴ 적이 있다(없다)

- **Meaning and Usage**

This is used after an action verb to show one's experience in the past. '-은/ㄴ 적이 없다' shows that one did not experience something.

- **Form**

'-ㄴ 적이 있다(없다)' is used when the action verb stem ends with a vowel or 'ㄹ'. '-은 적이 있다(없다)' is used when the action verb stem ends with a consonant.

Action verb stem ending	Combine with	Example
Consonant	-은 적이 있다(없다)	먹은 적이, 읽은 적이 있다(없다)
Vowel, ㄹ	-ㄴ 적이 있다(없다)	만난 적이, 만든 적이 있다(없다)

- **Example**

저는 한국 음식을 만든 적이 있어요.
I have tried making Korean food before.
노라 씨는 삼계탕을 먹은 적이 없어요.
Nora has never tried eating samgyetang before.
주앙 씨는 한복을 입어 본 적이 있습니다.
Juang has tried on traditional Korean clothes before.
한국에서 버스를 잘못 탄 적이 있어요?
Have you ever gotten on the wrong bus in Korea?

가: 한국에 오기 전에 한국말을 공부한 적이 있어요?
A: Have you ever studied Korean before coming to Korea?
나: 네, 공부한 적이 있어요.
B: Yes, I have studied Korean before.

가: 그 이야기를 들은 적이 있어요?
A: Have you ever heard of that story before?
나: 아니요, 들은 적이 없어요.
B: No, I've never heard of it before.

- **Note**

This is used only with action verbs and cannot be used with descriptive verbs.
Since this form already indicates a past experience, it is not combined with the past form '-었-.'

2. 에다가

- **Meaning and Usage**

This is used after a noun to show how something adds upon a place or thing.

- **Example**

지갑에다가 돈을 넣었어요.
I put my money into my wallet.
이 종이에다가 그림을 그리세요.
Draw a picture on this piece of paper.
국에다가 밥을 말아서 먹었어요.
Put your rice into the soup and eat it.
여기에다가 전화번호와 주소를 써 주세요.
Please write your phone number and address over here.

가: 이메일 주소를 어디에다가 쓸까요?
A: Where should I write my email address?
나: 이 밑에다가 쓰세요.
B: Write it down under this.

가: 커피가 좀 써요.
A: The coffee is a bit bitter.
나: 그럼 커피에다가 설탕을 좀 넣으세요.
B: Then try putting some sugar in the coffee.

Unit 6 Market

<1> It's a big mart so I think they will sell them there.

Dialogue

Nora: Yuki, I want to buy some soap and spring water. Where is a good place to buy them?
Yuki: The mart near the subway station is inexpensive so try going there. If you buy a lot of things, they will even deliver it for you.
Nora: How about the convenience store in the basement of the dormitory?

Yuki: The convenience store prices are a bit more expensive than the mart.
Nora: Really? Does the mart sell blankets and cushions as well?
Yuki: That place is a big mart so I think they will sell them there.

Dialogue Vocabulary

비누 soap
마트 market
방석 sitting cushion
생수 spring water
이불 blanket
팔다 to sell

Vocabulary expansion

감 persimmon
대회 conference or convention
배추 Chinese cabbage
생활용품 living products
음료 beverage
치약 toothpaste
토마토 tomato
포스터 poster
냉동식품 frozen food
소리 sound
식료품 groceries
참외 Korean melon
칫솔 toothbrush
포도 grapes
햄 ham

Grammar

1. -을까요?/ㄹ까요?[3]

• **Meaning and Usage**

This is used after an action or descriptive verb when the speaker is giving a conjecture (guess) or question about the behavior or state of the subject.

• **Form**

'-ㄹ까요?' is used when the action or descriptive verb stem ends with a vowel or 'ㄹ.' '-을까요?' is used when the action or descriptive verb stem ends with a consonant.

Action or descriptive verb stem ending	Combine with	Example
Consonant	-을까요?	늦을까요?, 많을까요?
Vowel, ㄹ	-ㄹ까요?	올까요?, 알까요?

• **Example**

오늘 눈이 많이 올까요?
Will it snow a lot today?
학생 식당 냉면이 맛있을까요?
Will the naengmyeon at the school cafeteria taste good?
저기 있는 가방은 얼마일까요?
How much would that bag over there cost?
에릭 씨는 결혼했을까요?
Do you think Eric is married?

가: 주앙 씨 동생은 한국말을 알까요?
A: Do you think Juang's little brother understands Korean?
나: 아버지가 한국 사람이니까 알 것 같아요.
B: Yes, I think he would because his father is Korean.

가: 떡볶이가 많이 매울까요?
A: Do you think the tteokbokki will be very spicy?
나: 별로 맵지 않을 것 같아요.
B: I don't think it will be too spicy.

2. -을/ㄹ 거예요[2]

• **Meaning and Usage**

This is used after an action or descriptive verb to show a conjecture (guess).

• **Form**

'-ㄹ 거예요' is used when the action or descriptive verb stem ends with a vowel or 'ㄹ' and '-을 거예요' is used when it ends with a consonant.

Action or descriptive verb stem ending	Combine with	Example
Consonant	-을 거예요	늦을 거예요, 많을 거예요
Vowel, ㄹ	-ㄹ 거예요	올 거예요, 알 거예요

• **Example**

주말에 비가 많이 올 거예요.
I think it's going to rain a lot this weekend.
시장에서 파는 청바지는 그렇게 비싸지 않을 거예요.
I don't think the jeans sold at the market will be that expensive.
그것은 요리할 때 사용하는 물건일 거예요.
I think that is something used for cooking.
유키 씨가 시험을 잘 봤을 거예요.
I think Yuki did well on her test.

가: 에릭 씨는 어디에 있어요?
A: Where is Eric?
나: 아마 도서관에서 공부하고 있을 거예요.
B: He's probably studying in the library.

가: 오늘 수영장에 사람들이 많을까요?
A: Do you think there will be a lot of people at the swimming pool today?
나: 날씨가 더워서 사람들이 많을 거예요.
B: There will probably be a lot of people because the weather is hot.

- **Note**

This form is used in the second-person and third-person. If it is used in the first-person, the form carries the meaning of intention and plan.

<2> I think my friend will have a hard time.

Dialogue

Yuki: My friend wants to buy some clothes so where do you think he should go?
Yuna: How about Dongdaemun Market? There are many items there and lots to see.
Yuki: The market is so crowded that I think my friend will have a hard time.
Yuna: There is also a large discount store near the Dongdaemun Market.
Yuki: Really? I think it will be more comfortable to shop at the discount store.
Yuna: That place is always on sale so there will be a lot of cheap and good things to buy.

Dialogue Vocabulary

할인 **discount**　　매장 **store**
항상 **always**
세일하다 **to be on sale; to have a sale**
상품 **products**

Vocabulary expansion

가전제품 **electric home appliance**
귀걸이 **earring**　　남성복 **men's clothing**
목걸이 **necklace**　　반지 **ring**
배낭 **backpack**　　수영복 **swimsuit**
스포츠용품 **sporting goods**
여성복 **women's clothing**　　장갑 **gloves**
패션잡화 **fashion goods**　　핸드백 **handbag**
들다 **to hold**　　메다 **to carry**
쓰다 **to use**　　차다 **to wear (a watch)**

Grammar

1. -는데/은데/ㄴ데[4]

- **Meaning and Usage**

This is attached to an action or descriptive verb and is used when introducing the previous sentence as the background for the sentence following the form.

- **Form**

'-는데' is used after all action verbs, including '있다' and '없다.' '-ㄴ데' is used when the descriptive verb stem ends with a vowel or 'ㄹ' and '-은데' is used when it ends with a consonant.

Verb stem ending	Combine with	Example
Action verb, 있다, 없다	-는데	먹는데, 가는데, 있는데
Consonant (descriptive verb)	-은데	작은데, 좋은데, 싫은데
Vowel, ㄹ (descriptive verb)	-ㄴ데	큰데, 친절한데, 먼데

- **Example**

영어를 잘 하는데 미국에서 산 적이 있어요?
You speak English well but have you ever lived in the United States?
가방이 예쁜데 어디에서 샀어요?
Your bag is pretty. Where did you buy it?
저는 외국 사람인데 한국 여행사에서 일할 수 있을까요?
I'm a foreigner but can I work at a Korean travel agency?
저는 중국에서 왔는데 에릭 씨는 어디에서 왔어요?
I came from China but where are you from, Eric?

가: 윤아 씨, 수영을 잘 하는데 누구에게 배웠어요?
A: Yuna, you are good at swimming. Who did you learn from?
나: 아버지께서 가르쳐 주셨어요.
B: My father taught me.

가: 백화점은 물건 값이 비싼데 시장은 어때요?
A: The prices for items at the department store are expensive but how about the market?
나: 그렇게 비싸지 않아요.
B: Not that expensive.

- **Note**

This is usually followed with a question, command, or suggestion.

2. -어하다/아하다/여하다

- **Meaning and Usage**

This is used after a descriptive verb to show the action of the subject related to that descriptive verb.

- **Form**

'-아하다' is used when the descriptive verb stem ends with 'ㅏ, ㅗ.' '-어하다' is used when it ends with other vowels like 'ㅓ,ㅜ,ㅡ,ㅣ' and '-여하다'(해하다) is used when the verb stem ends with '하-.'

Descriptive verb stem ending	Combine with	Example
ㅏ, ㅗ	-아하다	좋아하다, 배고파하다

Other vowel (ㅓ,ㅜ,ㅡ,ㅣ)	-어하다	슬퍼하다, 재미있어하다
하	-여하다(해하다)	심심해하다

• **Example**

친구가 한국말 배우는 것을 재미있어합니다.
My friend is having a fun time learning Korean.
리타오 씨가 고향 음식을 먹고 싶어 해요.
Letao wants to eat his hometown food.
사람들은 친절하고 잘 웃는 사람을 좋아해요.
People like friendly people who like to smile.
할머니께서 제 동생을 귀여워하세요.
My grandmother thinks my younger brother is cute.

가: 요즘 에릭 씨는 잘 지내요?
A: How is Eric these days?
나: 일이 많아서 힘들어해요.
B: He is having a hard time because he has a lot of work to do.

가: 친구들과 영화를 재미있게 봤어요?
A: Did you have a good time watching the movie with your friends?
나: 흐엉 씨가 너무 무서워했어요.
B: Huang was very scared.

• **Note**

This is used only with descriptive verbs and cannot be used with action verbs.

This is used with descriptive verbs that show the subjective feelings of the speaker and is generally spoken in the third-person form. However, '좋아하다' and 싫어하다' is also used with first-person subjects.

Unit 7 Shopping

<1> May I try on this black pair of shorts?

Dialogue

Employee: Welcome to our store. Is there anything special you are looking for?
Letao: I want to buy a pair of comfortable shorts.
Employee: Look over here. The short shorts are in fashion these days.
Letao: May I try on these black pair of shorts and white t-shirt?
Employee: I'm sorry but you cannot try on the white t-shirt.
Letao: Okay. But where is the dressing room?

Dialogue Vocabulary

특별히 especially
유행이다 to be in fashion
갈아입다 to change clothes
반바지 shorts
흰색 white

Vocabulary expansion

보라색 purple
색깔 color
운동복 sportswear
점퍼 jacket
청바지 blue jeans
회색 gray
뛰다 to run or jump
목이 마르다 to be thirsty
분홍색 pink
양복 suit
원피스 one-piece dress
조끼 vest
하늘색 sky-blue
떠들다 to chatter
만지다 to touch

Grammar

1. -어도/아도/여도 되다

• **Meaning and Usage**

This is used after an action verb to show the permission for an action or condition.

• **Form**

'-아도 되다' is used when the action verb stem ends with 'ㅏ, ㅗ.' '-어도 되다' is used when the action verb stem ends with 'ㅓ,ㅜ,ㅡ,ㅣ' and '-여도 되다'(해도 되다) is used when it ends with '하-.'

Action verb stem ending	Combine with	Example
ㅏ, ㅗ	-아도 되다	가도 되다, 봐도 되다
Other vowels (ㅓ,ㅜ,ㅡ,ㅣ)	-어도 되다	먹어도 되다, 써도 되다
하	-여도 되다 (해도 되다)	전화해도 되다

• **Example**

여기에 있는 음식을 먹어 봐도 돼요.
You may eat the food over here.
엄마, 텔레비전을 켜도 돼요?
Mom, may I turn on the TV?
극장에 생수를 가지고 들어가도 됩니다.
You may bring water into the theater.
학생들이 수업 시간에 영어로 말해도 돼요?
May the students speak in English during class?

가: 여기에 앉아도 됩니까?
A: May I sit here?
나: 네, 앉아도 돼요.
B: Yes, you may sit here.

가: 이 모자를 써 봐도 돼요?
A: May I try on this hat?
나: 네, 써 보세요.
B: Yes, you may.

- **Note**

When this is used with a descriptive verb, it shows whether or not a condition is fulfilled.

2. -으면/면 안 되다

- **Meaning and Usage**

This is used with an action or descriptive verb to show how an action or condition is prohibited or restricted.

- **Form**

'-면 안 되다' is used when the action or descriptive verb stem ends with a vowel or 'ㄹ' and '-으면 안 되다' is used when it ends with a consonant.

Action or descriptive verb stem ending	Combine with	Example
Consonant	-으면 안 되다	늦으면 안 되다, 작으면 안 되다
Vowel, ㄹ	-면 안 되다	건너면 안 되다, 울면 안 되다

- **Example**

교실에서 음식을 먹으면 안 됩니다.
You may not eat food in the classroom.
극장에서 사진을 찍으면 안 됩니까?
Am I not allowed to take pictures in the theater?
건물 안에서 담배를 피우면 안 돼요.
You may not smoke in the building.
술을 마시고 운전하면 안 돼요.
You may not drink and drive.

가: 시험을 볼 때 사전을 봐도 돼요?
A: May I use my dictionary during the test?
나: 아니요, 사전을 보면 안 돼요.
B: No, you may not use the dictionary.

가: 한국 사람 집에 신발을 신고 들어가도 됩니까?
A: May I enter the home of a Korean with my shoes on?
나: 아니요, 신발을 신고 들어가면 안 됩니다.
B: No, you may not wear your shoes and enter the house.

<2> You have no idea how lightweight my bag is.

Dialogue

Nora: Wow, this red bag is so cool. Where did you buy it?
Huang: I bought it at the market and I like it because the size is big. You can put in a lot of things because there are many pockets.
Nora: I think it will be expensive.
Huang: It's not that expensive. I bought this with my first paycheck from my part-time job.
Yuki: Isn't the bag a bit heavy?
Huang: No, you have no idea how lightweight it is.

Dialogue Vocabulary

빨갛다 to be red
멋있다 to be cool or gorgeous
사이즈 size
마음에 들다 to like
주머니 pocket
첫 first
월급 salary or paycheck

Vocabulary expansion

디자인 design
모양 appearance or shape
단순하다 to be simple or plain
맞다 to be right or correct
밝다 to be bright
비슷하다 to be similar
어둡다 to be dark
화려하다 to be ornate or gorgeous
그렇다 to be like that
까맣다 to be black
노랗다 to be yellow
빨갛다 to be red
어떻다 how (it) is
이렇다 to be like this
저렇다 to be like that
파랗다 to be blue
하얗다 to be white

Grammar

1. ㅎ동사

- **Meaning and Usage**

Among the descriptive verb stems ending with 'ㅎ,' the 'ㅎ' is dropped when the word ending begins with '으' or 'ㄴ'. With word endings beginning with '어/아,' the 'ㅎ' is dropped and the verb stem is combined with '어/아' to become '애/예.' These words are called 'ㅎverbs' and include words like **노랗다, 파랗다, 빨갛다, 까맣다, 하얗다, 이렇다, 저렇다, 그렇다, 어떻다.**

- **Example**

매운 음식을 먹고 에릭 씨 얼굴이 빨개졌어요.
Eric's face reddened after eating spicy food.
아이의 눈이 까매서 아주 예뻐요.
The child's eyes are so beautiful because they are dark.
그런 곳에는 가지 않는 게 좋아요.
It's a good idea not to go to those places.
어제 만난 사람은 어땠어요?
How was that person you met yesterday?

가: 저 노란 원피스 좀 입어 봐도 돼요?
A: May I try on that yellow one-piece dress?
나: 네, 입어 보세요.
B: Yes, please try it on.

가: 바다가 파래서 참 아름답네요.
A: The ocean is very beautiful because it is so blue.
나: 네, 하늘도 너무 예뻐요.
B: Yes, and the sky is so pretty, too.

• **Note**

The verb '좋다' is not a 'ㅎverb' so there is no change in the form.

2. 얼마나 -는지/은지/ㄴ지 모르다

• **Meaning and Usage**

This is used after an action or descriptive verb to strongly emphasize the extent of something.

• **Form**

'얼마나 -는지 모르다' is used after the action verb stems, including '있다' and '없다.' '얼마나 -ㄴ지 모르다' is used when a descriptive verb ends with a vowel or 'ㄹ' and '얼마나 -은지 모르다' is used when it ends with a consonant.

Verb stem ending	Combine with	Example
Action verb, 있다, 없다	얼마나 -는지 모르다	얼마나 많이 먹는지 모르다, 얼마나 열심히 공부하는지 모르다
Consonant (descriptive verb)	얼마나 -은지 모르다	얼마나 작은지 모르다, 얼마나 좋은지 모르다
Vowel, ㄹ (descriptive verb)	얼마나 -ㄴ지 모르다	얼마나 바쁜지 모르다, 얼마나 힘든지 모르다

• **Example**

학생들이 얼마나 열심히 공부하는지 몰라요.
You have no idea how diligently the students are studying.
에릭 씨 여자 친구가 얼마나 예쁜지 모릅니다.
You don't know how pretty Eric's girlfriend is.
그 사람이 얼마나 부자인지 모릅니다.
You have no idea how rich that person is.
음식이 맛있어서 얼마나 많이 먹었는지 몰라요.
You don't know how much I ate because the food was so delicious.

가: 가을 하늘이 참 아름답지요?
A: Isn't the autumn sky so beautiful?
나: 네, 하늘 색깔이 얼마나 아름다운지 몰라요.
B: Yes, the color of the sky is just so gorgeous.

가: 등산하기가 어땠어요?
A: How was it to go hiking?
나: 비가 와서 얼마나 힘들었는지 몰라요.
B: You don't know how hard it was because it was raining.

Unit 8 Invitations

<1> We're thinking about starting the class meeting at around 7 o'clock.

Dialogue

Leo: I'm planning to have a class meeting at my house after the exam. Will you be able to come?
Yuki: Yes, I can be there. Will you be inviting everyone in class?
Leo: Yes. My wife will be making some of her best Korean food and will also prepare some of our hometown food.
Yuki: Wow! I'm looking forward to it. What time will the meeting start?
Leo: I'm thinking about starting it at around 7 o'clock.
Yuki: Please let me know if you need help. I can go a little early to help you.

Dialogue Vocabulary

모임 meeting or gathering
초대하다 to invite
기대 anticipation or expectation
시작하다 to start
도움 help
필요하다 to need

Vocabulary expansion

강아지 puppy
동아리 school club
동창 schoolmate
동창회 alumni association
동호회 workplace club
뒤풀이 afterparty
송별회 farewell party
초대장 invitation card
환영회 welcoming reception
회비 (membership) fee
들다 to join
모으다 to gather
모이다 to get together

Grammar

1. -어/아/여, 이야/야

• **Meaning and Usage**

This is used to show intimacy or familiarity in informal speech when you omit the '요' in the grammar form '-어요/아요/여요.' Informal speech is used when speaking to one's friends or juniors (subordinates) and even very close seniors. The form is the same for statements, ques-

tions, commands, and suggestions and is distinguished by intonation.
The informal form of '이에요/예요' is '이야/야' and is used after a noun. The form is the same for statements and questions.

- **Form**

'-아' is used when the action or descriptive verb stem ends with 'ㅏ, ㅗ.' '-어' is used when it ends with the other vowels 'ㅓ, ㅜ, ㅡ, ㅣ' and '-여'(해) is used when it ends with '하-.'

Action or descriptive verb stem ending	Combine with	Example
ㅏ,ㅗ	-아	봐, 작아
Other vowels (ㅓ,ㅜ,ㅡ,ㅣ)	-어	먹어, 입어, 커,
하	-여(해)	좋아해, 깨끗해
Noun ending syllable	Combine with	Example
Consonant	이야	학생이야, 책이야
Vowel	야	친구야, 모자야

'이야' is used when the noun ends with a consonant and '야' is used when it ends with a vowel.

- **Example**

나는 한국어 공부가 아주 재미있어.
I really enjoy studying Korean.
너는 오늘 어디에 가?
Where are you going today?
배가 많이 고프면 네가 먼저 먹어.
If you're really hungry, go ahead and eat first.
내가 제일 좋아하는 운동은 야구야.
My favorite sport is baseball.

가: 지난 주말에 뭘 했어?
A: What did you do last weekend?
나: 신촌에서 친구를 만났어.
B: I met my friend in Sinchon.

가: 오늘이 무슨 요일이야?
A: What day is today?
나: 목요일이야.
B: It's Thursday.

2. -을까/ㄹ까 하다

- **Meaning and Usage**

This is used after an action verb to show the speaker's intention or desire for a certain action that has not yet been fully decided.

- **Form**

'-ㄹ까 하다' is used when the action verb stem ends with a vowel or 'ㄹ' and '-을까 하다' is used when it ends with a consonant.

Action verb stem ending	Combine with	Example
Consonant	-을까 하다	먹을까 하다, 읽을까 하다
vowel, ㄹ	-ㄹ까 하다	만날까 하다, 만들까 하다

- **Example**

이번 방학에 책을 많이 읽을까 해요.
I'm thinking about reading a lot of books during the vacation.
이번 주말에 나는 집에서 쉴까 해.
I'm considering relaxing at home this weekend.
운동을 시작해 볼까 하는데 어떤 운동이 좋을까?
I'm thinking about starting to exercise but what kind of exercise do you think is good?
저는 내년에 부모님을 모시고 여행을 갈까 합니다.
I'm thinking about taking my parents on a trip next year.

가: 유키 씨, 점심에 뭘 먹을 거예요?
A: Yuki, what will you eat for lunch?
나: 시간이 없어서 저는 김밥을 먹을까 해요.
B: I don't have time so I'm thinking about eating gimbap.

가: 너는 몇 급까지 공부할 거야?
A: Up to what level will you study?
나: 난 6급까지 공부할까 해.
B: I'm thinking about studying up to level six.

- **Note**

This is used only with action verbs and cannot be used with descriptive verbs.

<2> Take some detergent or toilet paper.

Dialogue

Eric: I'm going to a senior's housewarming party but what do you think I should take?

Yuki: People usually take detergent or toilet paper when visiting a new home.
Eric: Won't they be receiving a lot of living products as housewarming gifts?
Yuki: Then take some kitchen products that are used frequently. Your senior's wife will like that.
Eric: Should I buy a pretty tea set?
Yuki: Don't buy one that is too fancy because it may not match well with the atmosphere of that house.

Dialogue Vocabulary

선배 senior
집들이 housewarming party
쓰다 to use
주방용품 kitchen products
부인 wife
찻잔 tea set or teacup
분위기 atmosphere
어울리다 to match

Vocabulary expansion

꽃바구니 flower basket
떡 rice cake
샤부샤부 shabu shabu
샐러드 salad
세제 detergent
벽시계 wall clock
부케 bouquet
앨범 album
잡채 japchae(clear noodles stir-fried with beef and vegetables)
향초 scented candle
휴지 toilet paper or tissue
화분 flowerpot
씹다 to chew
졸다 to doze
박수를 치다 to applaud
발로 차다 to kick

Grammar

1. -어/아/여 가지고

- **Meaning and Usage**

This is used after an action verb and shows how the result or state of the action mentioned first is maintained until the content that is mentioned later. The result or state of the first action may be the cause or reason for the content that comes later.

- **Form**

'-아 가지고' is used when the action verb stem ends with 'ㅏ, ㅗ.' '-어 가지고' is used when the action verb stem ends with the other vowels 'ㅓ,ㅜ,ㅡ,ㅣ' and '-여 가지고'(해 가지고) is used when it ends with '하-.'

Action verb stem ending	Combine with	Example
ㅏ, ㅗ	-아 가지고	사 가지고, 모아 가지고
Other vowels (ㅓ,ㅜ,ㅡ,ㅣ)	-어 가지고	건너 가지고, 만들어 가지고
하	-여 가지고 (해 가지고)	준비해 가지고

- **Example**

당근을 썰어 가지고 프라이팬에 볶으세요.
Cut up the carrot and fry it in the fry pan.
한국에서는 집들이에 갈 때 손님들이 휴지를 사 가지고 가요.
When going to a housewarming party in Korea, guests buy toilet paper and bring it.
수업에 필요한 것을 준비해 가지고 오세요.
Prepare what you need for class and come.
저는 한국어를 열심히 공부해 가지고 한국 회사에 취직하고 싶어요.
I want to diligently study Korean and then get a job at a Korean company.

가: 돈을 모아 가지고 뭘 했어요?
A: What did you do after you saved your money?
나: 저는 돈을 모아 가지고 엄마 선물을 샀어요.
B: I saved my money and bought a gift for my mother.

가: 소풍 갈 때 무슨 음식을 가지고 가요?
A: What food will you bring when you go to the picnic?
나: 김밥을 만들어 가지고 갈 거예요.
B: I will make gimbap and take it to the picnic.

- **Note**

This can only be used with action verbs and cannot be used with descriptive verbs. This is usually used in spoken language and can be shortened to '-어/아/여 갖고.'

2. -지 마

- **Meaning and Usage**

'-지 마' is the informal form of '-지 말다(말아요?, 마세요, 맙시다).' This is used after an action verb to prohibit someone from doing something. Informal form is used when speaking to one's friends or juniors (subordinates) and even very close seniors. The form is the same for questions, commands, and suggestions and is distinguished by intonation.

- **Example**

여기에서 사진을 찍지 마.
Don't take pictures here.
늦게까지 피아노를 치지 마.
Don't play the piano until the late hours.
친구에게 그 이야기를 하지 마.
Don't tell your friend that story.
음식을 너무 짜게 먹지 마.
Don't eat your food with too much salt.

가: 이번 시험이 어려우면 어떻게 하지?
A: What's going to happen if the upcoming test is difficult?

나: 너무 걱정하지 마. 다 잘 될 거야.
B: Don't worry too much. Everything will work out.

가: 더우니까 문을 닫지 마.
A: Don't close the door because it's hot.
나: 알았어요.
B: Alright.

Unit 9 Appointments

<1> I'll be there right after I finish with work.

Dialogue

Haneul: Senior, I'm finally graduating.
Senior: Haneul, you're already graduating? Congratulations.
Haneul: Yes, the time flew by so fast. After the graduation, I'm thinking about having a club meeting. What do think is a good place?
Senior: Then should we meet at the Makgeolli (Rice Wine) Restaurant in front of school?
Haneul: Yes, that's a good place. I'm thinking of meeting at 7 o'clock but is that okay with you?
Senior: Okay, I'll be there right after I finish with work.

Dialogue Vocabulary

드디어 finally
무척 very or extremely
그래 yes
벌써 already
지나다 to pass
바로 right

Vocabulary expansion

너희 you
성함 name
말 word
세상 world
여러분 all of you; ladies and gentlemen
연세 age in honorific form
저희 we
진지 meal or food in honorific form

Grammar

1. -는다/ㄴ다/다, -니?

- **Meaning and Usage**

This is the informal form of '-습니다/ㅂ니다'. This can be used with friends or one's subordinates. It can also be used when writing articles or reports where honorific speech is not expressed. The informal form of '-습니까/ㅂ니까?' is '-니?'.

- **Form**

'-ㄴ다' is used when the action verb stem ends with 'ㄹ' or a vowel. '-는다' is used when the action verb stem ends with a consonant. '-다' is used after the descriptive verb stem.

Verb stem ending	Combine with	Example
consonant (action verb)	-는다	먹는다, 듣는다, 입는다
vowel, ㄹ (action verb)	-ㄴ다	본다, 공부한다, 산다
Descriptive verb	-다	작다, 예쁘다, 친절하다

- **Example**

에릭 씨는 책을 많이 읽는다.
Eric reads a lot of books.
유키 씨 동생은 아주 예쁘다.
Yuki's younger sister is very pretty.
내 생일은 6월 15일이다.
My birthday is June 15.
어제 친구하고 명동에 갔다.
I went to Myeong-dong with my friend yesterday.

가: 영수야, 결혼을 축하한다.
A: Youngsu, congratulations on your marriage.
나: 감사합니다, 선배님.
B: Thank you, Senior.

가: 너희는 요즘 어떻게 지내니?
A: How have you been these days?
나: 저희는 즐겁게 잘 지내고 있습니다.
B: We are getting along well, having a good time.

2.-을게요/ㄹ게요

- **Meaning and Usage**

This is used after an action verb and shows the speaker's will or promise concerning something in the future.

- **Form**

'-ㄹ게요' is used when the action verb stem ends with a vowel or 'ㄹ' and '-을게요' is used when it ends with a consonant.

Action verb stem ending	Combine with	Example
Consonant	-을게요	앉을게요, 읽을게요
vowel, ㄹ	-ㄹ게요	올게요, 만들게요

- **Example**

내가 문을 닫을게.
I'll close the door.

내일은 일찍 올게요.
I'll come early tomorrow.
이제 술을 마시지 않을게.
I won't drink alcohol anymore.
앞으로는 약속을 꼭 지킬게요.
I'll surely keep my promises from now on.

가: 오늘 밤에 나한테 전화해.
A: Call me tonight.
나: 응, 꼭 전화할게.
B: Okay, I'll give you a call for sure.

가: 누가 나 좀 도와 줘.
A: Someone please help me.
나: 제가 도와드릴게요.
B: I'll help you.

- **Note**

This can only be used with action verbs and cannot be used with descriptive verbs.
This is not used in a question.
The subject is only in first-person form and is usually used in verbal speech.

<2> Something urgent came up at work and I have to go on a business trip.

Dialogue

Senior: Hanuel, we have our meeting coming up in two days, right? I'm sorry but I don't think I can make it.
Haneul: Is something wrong, Senior?
Senior: Yes, something urgent came up at work and I have to go on an unexpected business trip.
Haneul: I see. It's been such a long time that I was hoping to see you. I'm sad you won't be able to come.
Senior: I'll go to next month's meeting. Make sure you give me a call.
Haneul: Yes, I'll definitely contact you.

Dialogue Vocabulary

이틀 two days
후 after
급하다 to be urgent
생기다 to come into being
갑자기 suddenly or unexpectedly
뵙다 to meet (honorific form)
섭섭하다 to be sad or disappointed

Vocabulary expansion

나흘 four days
닷새 five days
마흔 forty
사흘 three days
서른 thirty
_세 age or years
쉰 fifty
아흔 ninety
여든 eighty
열흘 ten days
이틀 two days
일흔 seventy
예순 sixty
하루 one day
세다 to count

Grammar

1. -어라/아라/여라, -자

- **Meaning and Usage**

The informal form of '-으십시오/십시오' is '-어라/아라/여라.' This can be used with friends or one's subordinates. For the informal form for '-읍시다/ㅂ시다,' '-자' is used after the action verb stem.

- **Form**

'-아라' is used when the action verb stem ends with 'ㅏ, ㅗ.' '-어라' is used when the action verb stem ends with the other vowels 'ㅓ,ㅜ,ㅡ,ㅣ' and '-여라'(해라) is used when it ends with '하-.'

Action verb stem ending	Combine with	Example
ㅏ, ㅗ	-아라	사라, 봐라
Other vowels (ㅓ,ㅜ,ㅡ,ㅣ)	-어라	먹어라, 만들어라
하	-여라(해라)	공부해라

- **Example**

비가 오니까 우산을 가지고 가라.
Go and take an umbrella with you because it's raining.
하늘아, 약속 시간을 잊지 마라.
Haneul, don't forget the appointed time.
우리 만나서 커피 한 잔 하자.
Let's meet and have some coffee.
윤아야, 수업시간이니까 떠들지 말자.
Yuna, let's be quiet because it's class time.

가: 많이 먹어라.
A: Please eat a lot of food.
나: 네, 잘 먹겠습니다.
B: Yes, I will enjoy the meal.

가: 여기에서 사진을 찍을까?
A: Shall we take a picture here?
나: 그래, 여기에서 찍자.
B: Okay, let's take it here.

2. -게 되다

- **Meaning and Usage**

This is used with an action verb stem and shows that

something took place as a result of an external reason unrelated to the subject's will or wishes.

- **Example**

에릭 씨가 일 때문에 외국에 가게 됐다.
Eric went to a foreign country because of work.
급한 일이 생겨서 약속을 지키지 못하게 됐어.
I wasn't able to keep my promise because an urgent matter arose.
저는 한국에 살아서 매운 음식을 잘 먹게 됐어요.
I was able to eat spicy food because I live in Korea.
지금 사는 집이 학교에서 멀어서 이사를 가게 됐습니다.
I had to move because the house I lived in was far from school.

가: 이번 주에 고향에 가요?
A: Are you going to your hometown this week?
나: 네, 일이 생겨서 고향에 돌아가게 됐어요.
B: Yes, something came up and so I have to go to my hometown.

가: 흐엉 씨, 어떻게 한국말을 공부하게 됐어요?
A: Huang, how did you start studying Korean?
나: 저는 한국 회사에 들어가고 싶어서 한국말을 배우게 됐어요.
B: I wanted to enter into a Korean company so I learned Korean.

- **Note**

Although this is used for things that do not reflect the subject's active intention, in times when the result does reflect the subject's active intention, it can be used as an expression of humility as if it was not.

Unit 10 Requests or Favors

<1> I'm sorry, but may I borrow your notebook?

Dialogue

Juang: Olivia, I have a favor to ask but can you do it for me?
Olivia: Yes, please tell me. What is your request?
Juang: Can you explain to me what we learned last week? I missed a few days and it's difficult to study on my own.
Olivia: That's right. You visited your grandmother in Busan, right? I'll teach you.
Juang: Thank you. I'm sorry, but may I also borrow your notebook? I'll take a quick look and return it to you.
Olivia: Alright. Take your time in returning it.

Dialogue Vocabulary

부탁 request or favor
들어주다 to do (a favor)
설명하다 to explain
결석하다 to be absent
빌려주다 to borrow

Vocabulary expansion

놓다 to place or put
늘다 to increase or improve
당기다 to pull
밀다 to push
벗다 to take off
잡다 to grasp or catch
접다 to fold
줄다 to decrease or be reduced
펴다 to unfold or spread

Grammar

1. -을래요/ㄹ래요?

- **Meaning and Usage**

This is used with an action verb when the speaker is asking another person for his or her opinion.

- **Form**

'-ㄹ래요?' is used when the action verb stem ends with a vowel or 'ㄹ' and '-을래요?' is used when it ends with a consonant.

Action verb stem ending	Combine with	Example
Consonant	-을래요?	앉을래요?, 읽을래요?
vowel, ㄹ	-ㄹ래요?	올래요?, 만들래요?

- **Example**

뭘 먹을래요?
What do you want to eat?
이 노래 한번 들어볼래?
Do you want to listen to this song?
숙제가 어려운데 좀 도와줄래?
The homework is a bit difficult. Do you want to help me?
방학 때 같이 한국 요리를 배울래요?
Do you want to learn how to cook Korean food with me during the vacation?

가: 무슨 차를 마실래요?
A: What kind of tea do you want to drink?
나: 전 녹차를 마실게요.
B: I'll drink green tea.

가: 지금 도서관에 가는데 같이 갈래?
A: I'm going to the library but do you want to go with me?

나: 그래, 좋아. 같이 가자.
B: Okay. Let's go together.

- **Note**

This is usually used in verbal speech with people who are close to you.

2. 었다가/았다가/였다가[1]

- **Meaning and Usage**

This is used with an action verb to show that a certain action is completed and changed into another action.

- **Form**

'-았다가' is used when the action verb stem ends with 'ㅏ, ㅗ' and '-었다가' is used when it ends with the other vowels 'ㅓ, ㅜ,ㅡ,ㅣ.' '-였다가'(했다가) is used when the action verb stem ends with '하-.'

Action verb stem ending	Combine with	Example
ㅏ, ㅗ	-았다가	샀다가, 왔다가
Other vowels (ㅓ,ㅜ,ㅡ,ㅣ)	-었다가	열었다가, 썼다가
하	-였다가(했다가)	예약했다가

- **Example**

창문을 열었다가 바람이 많이 불어서 닫았다.
I opened the windows but because the wind was blowing too hard I closed them again.
컴퓨터를 껐다가 이메일을 보려고 다시 켰어.
I turned off the computer but turned it on again to check my email.
언니가 옷을 샀다가 사이즈가 작아서 바꿨어요.
My sister bought some clothes but exchanged them because the size was too small.
식당을 예약했다가 취소했습니다.
I made a reservation at the restaurant but then cancelled it.

가: 주말에 어디에 갔다가 왔어요?
A: Where did you go over the weekend?
나: 강릉에 갔다가 왔어요.
B: I visited Gangneung and came back.

가: 지갑을 찾았어요?
A: Have you found your wallet?
나: 네, 잃어버렸다가 교실에서 찾았어요.
B: Yes, I had lost it but found it in the classroom.

- **Note**

Words with opposite meanings usually come before and after the form.

<2> Excuse me but is Mr. Kim here?

Dialogue

Leo: Excuse me, but is Mr. Kim here?
Employee: He is not in the office right now. May I help you?
Leo: I came here because I wanted to see Mr. Kim. Do you know when he will return?
Employee: He has already left for the day. I think you will have to come back again tomorrow.
Leo: Then may I ask you to deliver this document to Mr. Kim?
Employee: Alright, I'll make sure I give it to him.

Dialogue Vocabulary

저 excuse me
이미 already
퇴근하다 to leave one's office or get off from work
서류 document
전하다 to deliver or hand over

Vocabulary expansion

부장 head of a department or director
아 ah
어 uh
음 um
자 okay
저기 excuse me

Grammar

1. -습니다만/ㅂ니다만

- **Meaning and Usage**

This is used with an action or descriptive verb to express something different from what was expected.

- **Form**

'-ㅂ니다만' is used when the action or descriptive verb stem ends with a vowel or 'ㄹ' and '-습니다만' is used when it ends with a consonant.

Action or descriptive verb stem ending	Combine with	Example
Consonant	-습니다만	먹습니다만, 작습니다만
Vowel, ㄹ	-ㅂ니다만	좋아합니다만, 멉니다만

- **Example**

음악을 좋아합니다만 음악회에는 자주 못 갑니다.
Although I like music, I'm not able to attend music concerts often.
죄송합니다만 잠깐 기다려 주십시오.
I'm sorry but please wait for a few minutes.
저는 한국 사람입니다만 한국말을 잘하지 못합니다.
I am Korean but I cannot speak Korean well.
한국생활에 많이 익숙해졌습니다만 아직 힘들 때가 있습니다.
Although I'm quite adjusted to life in Korea, there are still times when it's hard for me.

가: 실례합니다만 길 좀 물어봐도 될까요?
A: Excuse me, but may I ask for directions?
나: 네, 어디에 가시는데요?
B: Sure, where are you going?

가: 내일 저희 집 집들이에 오시겠습니까?
A: Can you attend the housewarming party at my house tomorrow?
나: 가고 싶습니다만 약속이 있어서 가기 어려울 것 같습니다.
B: I do want to go but it will be difficult for me to attend because I have another appointment.

- **Note**

This is a more formal expression than '-**지만**' so it is used when respect is required or in formal situations.

2. -는지/은지/ㄴ지 알다(모르다)

- **Meaning and Usage**

This is used with an action or descriptive verb to show when one knows or doesn't know about the content earlier in the sentence.

- **Form**

'**-는지 알다/모르다**' is used with all action verb stems including '**있다**' and '**없다**.' '**-ㄴ지 알다/모르다**' is used when a descriptive verb stem ends with a vowel or '**ㄹ**' and '**-은지 알다/모르다**' is used when it ends with a consonant.

Verb stem ending	Combine with	Example
Action verb, 있다, 없다	-는지 알다/모르다	가는지 알다/모르다, 있는지 알다/모르다
Consonant (descriptive verb)	-은지 알다/모르다	넓은지 알다/모르다, 좋은지 알다/모르다
vowel, ㄹ (descriptive verb)	-ㄴ지 알다/모르다	비싼지 알다/ 모르다, 먼지 알다/ 모르다

- **Example**

강남역에 어떻게 가는지 아세요?
Do you know how to go to Gangnam Station?
오늘 학교에 왜 사람이 많은지 알아요?
Do you know why so many people are at school today?
저 사람이 누구인지 알아요. 에릭 씨 친구예요.
I know who that person is. He is Eric's friend.
두 사람이 어디에서 만났는지 몰라요.
I don't know where the two people have met.

가: 회의가 몇 시에 끝나는지 아세요?
A: Do you know when the meeting will be over?
나: 네, 알아요. 네 시쯤 끝날 거예요.
B: Yes, I do. It will end at around 4 o'clock.

가: 유키 씨 생일이 언제인지 알아요?
A: Do you know when Yuki's birthday is?
나: 글쎄요, 잘 모르겠어요.
B: Well, I'm not sure.

- **Note**

Expressions related to questions that ask who(**누구**), where(**어디**), when(**언제**), how much(**얼마**), how(**어떻게**), or why(**왜**) precede the form '**-는지/은지/ㄴ지 알다**(**모르다**).'